争创学习型班组　争做知识型员工

崔生祥◎编著

学习提升自我，学习型班组推动企业成功

学习型班组建设是提升员工综合素质的“加油站”

中国言实出版社

图书在版编目(CIP)数据

学习型班组创建指南:怎样当好学习型班组长/崔生祥编著.
—北京:中国言实出版社,2011.2
ISBN 978-7-80250-437-0

Ⅰ.①学…
Ⅱ.①崔…
Ⅲ.①生产小组—工业企业管理—指南
Ⅳ.①F406.6-62

中国版本图书馆 CIP 数据核字(2010)第 256160 号

出版发行 中国言实出版社
地　址:北京市朝阳区北苑路 180 号加利大厦 5 号楼 105 室
邮　编:100101
电　话:64924716(发行部)　64963101(邮　购)
64924880(总编室)　64914138(四编部)
网　址:www.zgyscbs.cn
E-mail:zgyscbs@263.net

经　销 新华书店
印　刷 北京毅峰迅捷印刷有限公司
版　次 2012 年 2 月第 1 版　2012 年 2 月第 1 次印刷
规　格 710 毫米×1000 毫米　1/16　14.5 印张
字　数 190 千字
定　价 32.00 元　ISBN 978-7-80250-437-0/F·343

前 言
Preface

当今社会已进入学习型时代,学习之风已经在许多行业掀起热潮。在激烈的市场竞争中,越来越多的企业领导者意识到:企业核心竞争力归根到底要依靠班组的工作绩效,优秀的班组长是企业不可或缺的基层管理者,优秀班组的创建是提升企业市场竞争力和管理效率的重要部分。

班组是企业组织生产经营活动的基本单位,是企业最基层的生产管理组织,也是搞好安全生产的立足之本。企业的所有生产活动都在班组中进行,企业生产任务要由班组来完成,先进的管理制度,科学的工作方法,完善的安全措施,都要由班组来贯彻、落实。班组工作是一项群众性很强的活动,需要班组长团结员工,集中大家的智慧和力量才能更好地完成。班组工作的好坏直接关系到企业生产经营的成败。只有班组充满勃勃生机,企业才会有旺盛的活力,才能生产出一流的产品,才会在竞争激烈的市场中谋得一席之地。

而作为班组中的直接领导者——班组长,是企业班组生产管理的直接指挥和组织者,也是企业中最基层的负责人。在连接企业中层管理与员工的桥梁之间,班组长肩负着非常重大的使命,发挥作用的领域空间也日益广阔。“上面千条线,下面一根针”,企业的经营理念、生产方针,都要通过班组长去贯彻、去执行、去落实,班组长要想方设法带领组员一同出色地完成生产、经营、销售等指标和任务。“火车跑得快,全靠车头带”,可以说班组长能力的高下,水平的高低,直接影响着班组的建设效果,也直接影响班组士气、产品质量、生产成本、安全生产等各方面,更直接关系到企业生产经营的成败。

作为基层班组的核心人物，班组长要通过班组建设，充分发挥全班组人员的主观能动性和生产积极性，团结协作，产生裂变效应，做到保质保量安全地完成车间（部门）下达的各项生产任务。班组长担当着兵头将尾的特殊角色，其水平和能力在一定意义上决定着班组的素质，其工作内容千头万绪，做好班组长工作并不是一件很容易的事。

在完成从工人到基层管理者的角色转变后，班组长是否能够成为一名称职、优秀的班组长，还必须面对来自企业上下及自身素质能力的挑战。比如班组长如何认识创建学习型班组的重要性，应具备哪些知识与技能，怎样管理好班组成员，在生产工作中怎样进行事务和业务管理，怎样帮助班组建设共同愿景和促进班组学习，怎样掌握好班组创建方法以及怎样评价创建质量和避免创建误区，等等，这些都是摆在每一位班组长面前的难题。本书就是专门为基层班组长而设计编写的工作指导用书，书中不仅吸收了国内外最优秀的班组管理理论和研究成果，而且精心选取了紧贴基层班组管理实际的经典案例，既讲理论，更重实践，对现代班组建设有着极强的参照意义和借鉴作用。

本书适合企事业单位的所有班组长们，尤其适合于所有企业的生产、经营、销售、采购、物流、服务等基层部门主管或经理、工段长或班组长，既可作为自我提高的读本，又可作为管理和培训的学习用书，是所有班组长案头的必备书。针对上述这些问题，本书也分别从各个方面给予了详尽的解答，希望每个基层班组长通过不断地学习和实践，有效提升自己，发展自我，成为一名优秀的班组长，带出一个又一个学习型和高效能型班组，为企业健康发展作出应有贡献。

目录

Contents

第一章 学习型班组是企业发展的根基

学习型班组是企业发展的根基，是企业文明建设的前沿阵地，更是企业各项工作的落脚点。班组长素质能力的高下，组员素养水平的高低，直接代表着和反映了企业的整体水平。班组建设的好坏，直接影响企业的社会形象和经济效益，甚至决定了企业的发展战略。因此班组建设在企业中的地位和作用尤为重要。只有加强学习型班组建设，让基层班组充满生机和活力，企业才会有较好的经济效益，才会有旺盛的生命力，才能和谐稳步发展。

第二章 学习型班组长必备知识和技能

作为学习型班组长，必须具备一定的知识，掌握一定的技能。要想当个有水平的领导，他就必须具备一定的管理知识和技能。他还必须保持随时随地学习的习惯，因为不学习就要落后，没有创新意识，不掌握创新知识，很快就会被淘汰。另外，一定的生产安全法知识和急救的知识，也是一名合格的班组长所必须具备的。

第三章 提升管理理念，掌握管理技巧

班组长要掌握好一些管理技巧，提升自己的管理理念，必须运用好班组文化，将班组成员团结在一起，让组员加强凝聚力，运用激励的方式，给他们一个广阔的创造空间，不要让自己不可替代，这样才能赢得他们的支持。此外，班组长凡事以身作则，时时培训组员，处处尊重员工，这样才能带领团队制胜，也才会得到他们的尊重。

第四章 学习型班组长的业务和事务管理

班组生产是整个经营的中心环节，没有生产就没有效益。对于班组长来说，在安排班组生产时，首先应制订好计划，然后安排合理的生产过程，期间应做到让生产过程精益化。班组长还要做好现场管理，坚决杜绝违规生产作业，要让“7S”成为班组最佳的“推销员”，让管理工作“看得见”。

第五章 建立共同愿景，促进班组学习

共同愿景应是个人愿景的最高境界和集中体现，它激发个人对生命崇高意义的追求，为着一个远远超出个人利益之上的目标而奋斗。作为学习型组织，必须鼓励其组织成员个人愿景，发展自己的团队愿景，从而建立共同愿景。班组的学习也是团队学习，它需要一个优化的环境，其目的是为了实现班组效益的更大化。

第六章 推动自主管理,激发创新潜能

对班组长来讲,管理的实质是以“组员”为本,充分尊重组员们自我发展的需要,并与组员形成最大的合力,这样才能对班组进行有效管理。班组创新是管理的本质要求,更是效益的切实保证,它要求极大地发挥人的潜能,因为每个人都比想象中的要更加强大。对于班组成员,他们哪怕是零星半点的创新想法,都应该得到大力培植。

第七章 创建学习型班组常用的方法

创建学习型班组的方法有很多,快乐的 20 分钟、大墙会议、头脑风暴法、标杆学习等就是一些很不错的方法。班组长要结合班组自身的特点,根据组员们的性格特征,根据生产经营的状况,随时随地而且灵活机动地使用各种方法,不可一成不变。

第八章 评价创建质量，走出创建误区

学习型班组的评价是一个不可或缺的环节,创建的效果如何,需要客观评价。评价应坚持一定的标准和坚持整体性原则。在实际的创建工作中,由于人们对学习型班组的理解有偏差,常常容易陷入一些误区,如认为没有时间搞创建、创建只是班组长的事等等,致使创建学习型班组的工作走了弯路,这些都是应该避免的。

第一章　学习型班组是企业发展的根基

学习型班组是企业发展的根基，是企业文明建设的前沿阵地，更是企业各项工作的落脚点。班组长素质能力的高下，组员素养水平的高低，直接代表着和反映了企业的整体水平。班组建设的好坏，直接影响企业的社会形象和经济效益，甚至决定了企业的发展战略。因此班组建设在企业中的地位和作用尤为重要。只有加强学习型班组建设，让基层班组充满生机和活力，企业才会有较好的经济效益，才会有旺盛的生命力，才能和谐稳步发展。

1 学习型班组“把人作为发展的中心”

学习型组织管理理论是由美国学者彼得·圣吉于上个世纪90年代提出的,它是人类共同创造的、适用于各种组织的一种现代新型管理理论,是世界许多成功企业管理和发展经验的科学总结,也是未来企业发展与管理的新模式。这一理论经过不断实践、发展与推广,已引起世界各国、各界人士的共识,也引起了我国各界的关注。学习型组织理论强调“把人作为发展的中心”,不但使人勤奋工作,更尤为注意使人活出生命的意义,不断增强企业或团队的学习力、竞争力、凝聚力、创新力,提高群体智商,不断自我超越,不断创新,实现组织持续、稳定、健康发展。

这种理论所说的学习型组织,是指通过不断学习来改革组织本身的组织,或成为“一种持续地扩充其能力创造未来的组织”。它强调一种全体动员的学习,其学习的层次从个人、团体扩展及组织全体,而学习的历程是动态的、持续的,并无终止的境界。学习型组织熟练地创造、获取和传递知识,同时也善于修正自身的行为,以适应新的知识和见解。学习型组织凸显一种能够不断学习、不断自我创造未来的态势,善于运用系统性思考来从事各种不同的实践和解决问题,进而增强个人知识与经验和改变整个组织行为,以强化组织变革和创新的能力。在其中,每个人都能在工作中活出生命的意义。学习型组织也更着重于一种心灵的转换,即成员在组织中透过心灵上的潜移默化,在工作中活出生命的意义,获得真正的学习。透过学习,重新创造自我,认知这个世界及自我与世界的关系,具备关照全体的能力及扩展创造未来的能力。

上面关于学习型组织的定义,概括起来强调了以下几点:

◆实习型组织具有浓郁的学习氛围。学习型组织是让人真正懂得学习、善于学习、能够学习并实现终身学习的组织,学习在个人、团队、组织或者组织相互作用的共同体中产生。

◆学习型组织能够激发人们的创造能力。学习是持续性的并可以战略性地加以运用的过程，而且可以统一到工作中或者跟工作同时进展。学习型组织能够激发人的潜在能量，提升人的境界，增进相互了解，活出生命的意义。

◆学习型组织是一个和谐的奋发向上的组织。能使人在一个人帮人、人爱人的积极、友善、向上的环境中工作与生活，它自始至终都把人作为发展的中心。

◆学习型组织能使个人的理想与组织的目标合一，组织的发展与个人的进步一致。学习型组织是个人与组织荣辱与共、命运一体的组织，能顺应时代与环境变化，实现持续发展。

◆学习型组织是把学习共享系统组合起来的组织。学习不仅导致知识、信念、行动的变化，还增强了组织的革新力和成长能力。

学习型班组是学习型组织最普遍的一种形式，它讲求持续的学习、转化和变革，强调学习是一种不断演进、不断变革的过程，强调要时时把学习和工作系统地、持续地结合在一起。学习型班组拥有一个大家认同的共同目标和愿景，在解决问题和实际工作中，抛弃旧的思维方式和常规程序，所有成员之间能够坦诚相见、相互沟通、积极思考、谋求共识，为实现班组的共同愿景而真心诚意地在一起学习、工作。

学习型班组是具有技术专长和业务专长的人员的组合，可以实现高度的人性化管理和自主管理，以人为发展的重心，形成浓厚的学习氛围、宽容的工作环境和互动共进的学习环境。这一切都是为了促进员工的全面发展。

一名员工要做好一项工作，必须同时具备三个要件：

◆知晓相关的知识——即懂得是什么；

◆具备相应的技能——即能够动手做；

◆做好这项工作的意愿和信念——即愿意做。

在创建学习型班组以及促进员工发展的过程中，班组的学习应从这三个方面着眼开展，应是这三个方面的交集，这三者缺一不可。因此，班组学习要系统化，除了要学习专业知识和技能外，还应将组织愿景和个人愿景紧密结合起来，注重班组成员良好工作意愿和信念的养成，并结合个人职业生涯发展规划，实现全方位学习，通过不间断地学习，使班组成员的意愿、知识、技能不断提高，满足个人全面发展的需要。同时，个人意愿、知识、技能提高了，工作绩效也会得到相应提高。

刚当上班长的小谌，在一家企业干了一段时间觉得压力太大，产生了畏难情绪，于是找到车间主任提出辞职。车间主任老谭当时没有答应他，只说："难道你想以一个失败者的形象离开公司吗？"他鼓励小谌将最困难的事项列成清单交到车间来。随后，谭主任主动帮小谌解决了清单上的各种问题，并每周主动约小谌下班后沟通思想。这之后，小谌努力学习，刻苦钻研，进步很快，过了半年，谭主任再次问小谌是否还想辞职时，小谌显得很不好意思了。这时，谭主任告诉小谌："如果当时让你走了，虽然你可以到其他企业从头干起，但会给你的组员造成不好的影响。再说，你没能持续而完整地在这里积累管理经验，自己在能力上也没有什么发展，跳槽出去也不一定能找到比现在更好的工作，也是个很大的遗憾。"小谌点头同意，并暗下决心，一定要好好干。

新经济时代，企业的兴衰与员工的素质密切相关。班组长直接面对企业所有员工，员工在班组中工作，学习，创造财富，占据员工生活的三分之一以上时间，学习型班组的创建不仅对企业，对员工个人也是提高自身素质的有效途径。

员工全面发展的内容包括：会学习、会工作、会生活。三方面全面发展的基础在于会学习，最终的需求是满足"自我实现"。"自我实现"是指人们都需要发挥自己的潜能，表现自己的才能，只有这样，人才会得到满足。自我实现的人对待工作不仅仅是追求经济报酬，而是追求在工作中实现自我价值，他们会自动自发地、自主地工作，把工作视为自己的使命。

现代社会中，人的需求规律大致从低级向高级过渡，人的追求无外乎个人的全面发展和自我价值的实现。因此,企业应肩负起促进员工全面发展和自我实现的责任,就能够满足大多数人的需求。

过去没有少讲企业和员工是一个利益共同体,但在实际工作中,只强调员工要把企业作为利益共同体来对待,而很少提及员工个人怎样发展。事实证明,一个只注意自身发展而不注意员工发展的企业是不会成功的。而只有坚持企业和员工两方面的发展统筹兼顾,做到企业发展目标和个人发展目标的有机统一,员工的学习才会有一种源源不断的内在动力,员工的学习才有可能成为一种满足自身渴望和需要的自觉行动,从而真正实现学习的自主化。学习型班组正是在企业需要和员工愿望的结合点上,展现出自身独特的魅力,成为创建学习型企业进程中的重要一环。

学习型班组重视工作与学习互相融合与互相促进,实现了工作学习化、学习工作化。它把学习融于工作过程之中,并使工作成为一种快乐,把学习像工作那样对待,有目标、有计划、有措施、有检查、有改进。同时,它也把学习的内容与实际工作结合起来,把工作的过程看成学习的过程,并将自己所从事的工作当作"学问"来研究;通过对工作成效和工作过程的反思进行学习,把工作作为一种学习和提升自己的过程,使个人和团队都能从中获得成长的快乐。

2　学习型班组是学习终身化的第一场所

班组是企业最基本的生产单位和最基层的管理单位,也是广大组员日常生产、工作和学习、提高素质的基本场所,还是组员展示自我的第一个平台,更是培育企业学习力和竞争力最丰厚、最广袤的土壤。

学习型班组随知识经济应运而生,重视知识的发掘和应用,班组的广大员工当中蕴藏着巨大的知识财富,并且直接接受实践的考验。这里我们说的知识不仅仅是"我们知道什么",更是"我们能够做什么",彼得·圣吉说:新的知识来自于新的产品、新的市场、新的顾客、拥有新创意的新员工;来自一线,来自设计、制造、配送产品的人;来自于与顾客直接接触的人。

创建学习型班组是一种全新的探索和实践,党的十六大提出“构建终身教育体系,建设学习型社会”的宏伟目标,并把这一标准列入全面实现小康社会的奋斗目标之一。要建设学习型社会,需要千万个学习型组织作支撑,而这千万个学习型组织,更需要千千万万个学习型班组提供强大的动力支持和人才保证。可以说,创建学习型班组是适应时代发展的要求,是适应企业创建学习型组织,建设创新型企业和和谐企业的需要。

◆从现有大量企业的实践来看,创建学习型班组的目标是既要增强企业的竞争力,实现企业效益最大化的需要;同时,又注重提升员工的学习力,满足实现自身价值的最大化需要。

◆从学习和工作的关系上来说,学习型班组强调把学习的过程融会于工作过程之中,使之达到学习工作化、工作学习化的理想境界。这种学习不仅是企业不断创新和进步的过程,而且也是员工自身不断发展自我和完善自我的、一种没有终点的障碍赛过程,虽然竞争激烈,但员工仍能方向明确,动力充沛。

◆从学习活动的组织方式和途径上来说,学习型班组侧重于培育各类组织自身的学习风气和学习能力,所以它的成员学习一般分散在组织内部进行,并且引导员工随时随地学,学习内容因人而异,因此学习效果显著。

◆从学习系统性上来说,学习型组织倡导成员终身学习。因此,员工的学习是一个连贯的、系统的、持续的、不断提高的过程,并且与行业技术、社会经济文化发展基本同步。

◆从员工在学习中的角色地位上来说,学习型班组的每个成员都是善于学习、善于发现问题、善于解决问题、善于不断超越自我的探索者,学习型组织不一定有一个很规范的课堂,但是,它可以通过建立完善的约束激励机制来激发成员的自信心和创造力,使他们真正成为能够驾驭知识和自己命运的主人。

可以说，学习型班组就是企业员工实现学习终身化的第一场所，也是员工实践工作学习化、学习工作化理念的主要场所。终身教育和富有创造力的学习，不但是企业今后发展的永恒需要，也将是职工个人工作、生活的长期需要，班组成员应该牢牢把握以学习促进发展的社会发展大趋势，在大力普及终身教育理念的同时，适应员工发展需要，促进员工学习终身化，要通过创建学习型班组的有效途径，采取各种激励措施，大力倡导和推动职工的终身学习。

"捧着一颗心来，不带半根草去"，陶行知先生的真知灼见言犹在耳，莫班长深感作为一名班组长的责任。成绩属于过去，未来才属于自己，作为一名班组长，唯有不断学习，勇于进取，才能取得更大的成绩，要努力去做一个深受组员尊重和信赖的领导。

湖北大成煤矿的人都知道，前进班组的莫班长是一个学习"狂人"，工作上，只要是有什么不懂的，他从来都不会抹不开面子，而是放下身段向班组成员请教，向专家和书本请教，是"活到老，学到老，工作到老"的典范。为了钻研学习上难题，废个寝，忘个食啥的，对他来说是再也正常不过的事。他因此而获得了班组成员的尊重，大家有什么问题都喜欢找他。虽然在退休之后，他不再考虑工作的需要而少了一些紧迫感，但是一贯严谨的作风并没有让莫班长有些许的松懈，他依然坚持学习，并制定了严格的学习计划，每学期一般学习三门课程。学习期间，莫班长按照学习计划一步步进行，每门课考试之前都是反复的看书、做模拟试题，用莫班长自己的话说就是年纪大了，记忆力不太好了，只有反复的刺激、反复的记忆才能记住。每门课都是看完书本再反复地做模拟试题，做模拟试题的目的不仅仅是为了考试，而是把知识掌握得更牢固。

人才是发展之本。新知识形态的今天，如何培养人才？上海电气液压气动有限公司液压泵厂李斌班组的员工们个个都是人才，看看他们的成绩吧：

员工从人均只会操作一类一台机床，到现在人均已会操作三类四台机床。

不仅会基本操作，还会调试设备，劳动效率大大提升，企业可以处于“全天候”生产运作状态，销售步入了良性循环。

1997年至今，李斌小组完成新产品开发23项，其中1项达到国际尖端水平，8项为国家级重点项目，使企业增加销售1800万元。

实现各种技术攻关项目共162项，极大提高了生产效率，为企业增效1050万元。

学习型班组给予了培育员工人人成才的土壤和员工创造力得以发挥的平台。

创建学习型班组不是班组建设“另搞一套”，而是一种全新的探索与实践，是为了把班组建设引导到提升员工学习力和创新力上面来，是为班组成员提供一个终身学习的场所。为达到这个目标，必须在班组形成团队学习的氛围，促进工作中学习，学习中工作机制的形成。通过学习型组织理论的学习和实践，使班组建设提升到一种新的境界和高度。通过班组愿景的培育和建设，把班组成员的积极性充分调动起来，面对工作困难，有挑战极限、超越自我精神动力。学习无止境，创建也无止境，创建学习型班组是班组建设的动力。

班组的地位和作用，突出体现在它既是企业生产组织，是经营管理组织和进行各项经济、政治活动的基本单位，是广大员工日常生产、工作、学习的场所，又是企业进行专业管理和民主管理的结合部。而班组成员个人的学习能力和学习精神的提高，也必然提升班组建设的整体水平，提升班组的自主管理能力。学习型组织的理念告诉我们：学习型班组永远无建成之日，创建永远处于动态发展之中，提升学习力的目标永远在前面，实现目标的途径是持续学习。所以，创建学习型班组是班组建设和发展的途径。

常德烟草集团经过多年打造和近几年的高速发展，实现了跨越式发展，目前已跻身行业前茅。武陵卷烟厂是常德烟草集团最大的生产单位，各项管理基础在企业中一直是个中翘楚。

2007年末，新一届厂领导班子上任。这一任领导班子不满足于已取得的成绩，以对标管理为指导思想，通过外出考察调研，经过周密思考，提出创建学习型班组的发展规划。规划自2008年初开始实施，在一段时间内，全厂掀起了一股学习热潮，随之而来的是卷烟厂降低了成本，提高了生产效率，并且以建设学习型班组为契机，全面提升了厂内的各项管理。2008年5月，常德烟草集团总经理亲自组织召开武陵卷烟厂现场经验交流会，其他十二个分厂的负责人、职能部门负责人到会参观学习。随后，各分厂和职能处室分别派学习小组到武陵卷烟厂学习经验，在企业内部掀起了学习型班组建设的壮观景象。

在新形势新任务的要求下，优秀企业创建学习型组织的基本要求和战略性安排是非常有意义的。不断学习，不断创新，使班组管理工作更加适应企业发展目标，使班组真正成为员工终身学习、成就自我的第一场所，成为企业快速发展的坚实基础，实现企业发展和员工发展和谐共进，应当成为培育班组共同愿景、创建学习型班组的立足点和出发点。

3　学习型班组要扫除“拦路虎”

班组是企业生产经营活动中的最小组织，它根据劳动分工、协同作业和管理需要，按照一定的工艺原则或不同产品及服务或经营活动领域而划分。学习型班组是企业创建学习型企业的重要阵地，是企业学习型文化建设的主要实施者，其创建的成败与否关系到学习型企业的好与坏。

在开展学习型班组的建设时，首先要认真地评估组织的学习情况，即了解组织成员的不同的学历、阅历、自学能力、外语和电脑能力；另外，还要了解组织成员的兴趣爱好、专业特长、业余时间安排和目前学习概况，做到心中有数。

在开始组织学习的时候，组织学习的重要内容是克服学习障碍，扫除创建学习型班组路上的“拦路虎”。一般来说，个人学习上的“拦路虎”有以下几个方面：学习不学习无所谓，不学习照样过日子；年纪大、学历低，怕学不好丢面子；还有一种是认为学历已经到手，对终身教育缺乏认识。哈佛大学阿吉瑞斯教授对许多企业研究后指出：大部分管理团体都会在压力面前出现智障，即四种妥协：为了保护自己，不提没把握的问题：为了维护团结，不提分歧性的问题；为了不使人难堪，不提质疑性的问题；为了使大家接受，只作折中性的结论。凡此种种，需要对症下药，克服认识上的偏差和学习上的智障，为组织学习打开前进的通道。如何提高“团队智商”，如何制服班组学习中的“拦路虎”，这是企业成功的关键，组织成功的关键，也是现代管理中提出的新课题。

2006 年前，白丹丹大学毕业，被分到运城石油三厂分子筛车间。一天，在紧张的忙碌之后，白丹丹刚想歇会儿，就听班组长刘少城喊：“小白，你去把加热炉的两个油嘴儿都点着！”白丹丹知道这是个苦差事，心里很不情愿。

点加热炉是较难掌握的技能。从油嘴儿喷出的渣油在高速气流的推动下嘶叫、燃烧，打开炉门时，炉膛内喷出一股高达七八百摄氏度的灼热气流，瞬间就能燎光人的眉毛和头发，甚至还能把面部严重烧伤。干这活儿，不仅要有技术，还要有胆量。

白丹丹对加热炉有一种本能的畏惧感，不要说接近它，就是一听说“加热炉”这三个字都心里打怵。见白丹丹原地不动，刘少城加重语气追了句：“小白，你没听明白我的话？”声音虽不大，却有种不容置疑的力量。白丹丹不情愿地来到加热炉前，不知是由于寒冷还是由于害怕，白丹丹握住油气阀门准备旋开时，手颤抖得不听使唤……越想越怕，越想越不敢想，刚刚握住阀门的手又松开了。

终于，她鼓起勇气，双手再次攥紧油气阀门，准备用尽全力把它旋开。这时，她感到头顶密集的雨丝突然停了。一抬头，看到头上罩着一把伞,给他撑伞的人就是刘少城。刘少城语气温和地说:“你就是恐惧感太重,等过了这一关就好了。点火要稳住神,沉住气,一切按规程操作。特别要注意先后顺序,注意油阀和气阀一定要配合好,点火要掌握时机,恰到好处。”

在刘少城的鼓励和指导下,白丹丹一口气把另外两个炉都顺利点着了。事后,刘少城语重心长地对白丹丹说:“你在大学学的就是流程。学流程的就必须对整条生产线上的每一台装置了如指掌,要不你就无法适应将来更重要的技术和管理工作。我知道,加热炉就是挡在你面前最大的一只‘拦路虎’。那天,我是有意安排的。怕出意外,我一直跟在你后面。当我看到你终于战胜心理障碍,准备点油嘴时,我才上前帮你。”

后来,白丹丹不仅很好地掌握了热炉点火技术,还学会了其他各项技能,因为她克服了自己的恐惧心理障碍,工作做起来得心应手。由于她是大学生,综合素质要高于普通组员很多,所以她的行动很有影响力,在工作中大家逐渐形成了不怕苦、不怕输、不怕困难的学习风气。

一般情况下,我们总是把员工作为教育对象。但是,学习型组织就是要使员工成为学习资源。这在建设学习型班组的进程中,是有可能变为现实的。寸有所长,尺有所短。每个人总有自己的兴趣爱好和特长,关键是我们要善于发现和运用。

从“要我学”到“我要学”有一个过程,这其中就要有一个扫除“拦路虎”的心理准备,而增强学习的积极性是其中非常重要的内容。增强学习积极性的途径有很多,如采取循序渐进的学习方法;及时给予必要的帮助和学习方法指导;鼓励学习群体的成员的每一个学习上的进步;采取奖励学习先进和鼓励学以致用等。

克服学习障碍,促进学习持续发展,是提升学习能力的重要环节。世界经济合作和发展组织认为,核心技能至少应该考虑以下五个方面:劳动者在完成工作和继续学习所必需的基本的知识技能,不仅是本岗位的专业知识，还包括国际国内最新的各方面的相关知识；社会的共同价值观；敬业精神和工作责任心；灵活运用知识技能的能力，有广泛的适应性；互助合作精神和协调人际关系的能力。由此可见，要掌握核心技能，促进学习持续发展是关键。

学习创造未来，但未来并不是每个人都能预见的，而克服学习过程中的一切障碍，则是一种必备的素质。为了激励班组成员的学习积极性，进一步明确努力方向，不少企业如上海电信、上海汽车、上海宝钢等企业，在创建学习型班组的过程中，推出的“员工职业生涯设计活动”，很有创意，它把员工职业生涯过程中的阶段性目标和努力方向，作了详尽的剖析和展现，使人备受鼓舞。

学习型班组创建活动已经受到全社会的普遍关注，也吸引了成千上万的员工广泛参与，但是对于如何深入开展创建活动，如何创建学习型班组，还是有很多企业感到茫然，感到无所适从。对于学习型班组和常规的班组建设、和班组文化的区别与联系，学习型班组创建的切入点和工作着力点、创建的方法与技巧等许多问题，还不知道该从何做起。人的正确思想是从实践中来的，是从学习中得来的，终身学习理念、学习型班组创建思路也是从实践中来的。学习型班组的创建、管理，不能简单遵从书本知识，也不能照搬或简单从班组外部移植，更不可能是某个人拍脑袋凭空想象，而是班组成员共同学习，不断探索、不断消化外部因素、不断总结经验吸取教训的过程，也是不断扫除“拦路虎”的过程，并在这种丰富的实践过程中，不断萌发和产生出属于自己班组的创建思想。

无论是什么样的班组，都有其特殊性，地区之间、行业之间、企业之间以及年龄结构、文化层次等不同都会形成其特殊性，即使是同一地区、同一类型企业，也会因为构成班组的成员的不同社会经历而体现出不同的群体价值观、不同的思考问题方法和不同的人际沟通习惯，班组和团队的风气也会表现出很大的差异性，理所当然的，学习型班组的“除虎”之路也应该呈现出不同的个性特点，没有特色也就没有生命力，也不会长久。

4　别拿班组长不当干部

现代管理学认为，无论多么大的企业，最终都要分解为班组才能进行科学有效的管理，因此，班组建设的作用发挥至关重要，班组长的角色地位和基础作用更是无可替代。班组长尽管是兵头将尾，但他也是个“官儿”。所以，无论是上层领导还是基层员工，都千万别拿班组长不不当干部。

班组作为机关事业单位、企业里管理服务和生产经营活动的一级组织，是一个集体的基本细胞，是单位发展建设的前沿阵地。一个班组虽然只是一个局部环节，但如果它与机关事业单位、企业的整体脱节，完不成既定的工作或任务，就会破坏机关事业单位、企业的均衡管理、服务或生产经营，会造成单位里业务和正常工作的中断，所以班组是一个单位里面不可缺少的一个重要环节。

而这个班组中的领导者——班组长，是一个企事业单位得以正常运转的最直接指挥者和组织者，也是最基层的负责人。在实际工作中，上级领导的决策做得再好，如果没有班组长们的有力支持和密切配合，没有一批让领导者放心的班组长来组织实施，那么领导层的决策也会很难落到实处。所以，任何一个领导者都必须对班组长的地位予以高度重视，千万别拿班组长不当干部。而作为班组成员，要在班组长的领导指挥下做好自己的工作，也更不能拿班组长不当干部。

由于班组长的特殊地位，决定了班组长要对两个阶层的人员采取不同的立场：面对组员应该站在单位领导者的立场上，用领导者的声音说话；面对上级管理者班组长应站在组员的立场上，用组员的声音说话。所以，班组长找准自己的位置，摸清工作的方向，不揽权，不推责，对做好本员工作具有一定的现实意义。

班组长所处的重要地位决定了班组长的职责。具体来说，主要包括：

◆完成生产任务。贯彻执行作业计划，做好各项生产准备和调度工作；严格遵守工艺标准、技术规程，及时解决过程问题，保证生产的顺行和各项经济技术指标的实现。

◆抓好班组管理。以生产为中心，在严格遵守企业和车间管理制度的基础上，结合本班组的实际，建立健全并贯彻执行各项规章制度，应用先进管理方法，促进班组管理不断走向规范化、科学化。

◆加强班组建设。通过积极开展班组建设工作，组织各种活动，不断加强班组思想建设、组织建设、文化建设等，提高成员综合素质，增强班组活力，巩固企业基础。

班组长处于生产经营最前线，企业的生产经营任务分解、落实到各个班组，通过班组长的正确指挥才能得以实现。班组长的生产经营指挥作用就在于：正确执行企业领导和车间领导的生产经营指令，按作业计划有节奏地组织生产和营销。班组长是班组管理的当家人，负责企业技术经济、生产生活等各项管理贯彻落实。班组长的管理作用就在于：依靠班组成员，把各项基础管理工作严密、科学地组织起来，以保证生产的经济效果。班组长是班组建设的带头人，搞好班组建设的关键就是要有一名称职的班组长。班组长的建设作用就在于：带动班组成员都来参与班组建设，为组员们创造一个民主、宽松的环境，使班组充满乐于创建的生机和活力。

机修班成立的时候，蔡东平被任命为这个班组的班长。他刚到机修班时一切都平静如水，随着工作的开展和深入，他发现了许多事情都颇有蹊跷。

大乔在班组中被同事们习惯地称呼为“乔哥”，他好像是天生的解决技术难题的高手。有一次，蔡东平安排两名员工去拆卸一部皮带机的轴承套，鼓捣了整整一上午时间都没拆下来。蔡东平虽然是班长，但对这种设备并不熟悉，也无计可施。这时，班里的大乔去了现场，略加指点后很快就把轴承套顺利拆下。在一次焊接钢板平台时，须将两块钢板焊到一起。钢板太重，移动困难，几位焊工一上午也未将焊缝对好。后来还是在这位“乔哥”的指挥下，在钢板下某个部位垫了一块小东西，轻轻撬了几下，焊缝便准确地对好了，前后也不过十几分钟。

于是，蔡东平开始渐渐地更多地注意这个“乔哥”。他发现班组里经常有七八个人在休息时凑在他周围，有说有笑、无话不谈，有的称“乔哥”为老大，有的称“乔哥”为师傅，还有的称“乔哥”为经理，五花八门，话语虽然随便还略带调侃，但其中透着亲热。每逢“乔哥”加班，总会有几个人留下来帮忙，干完活一起回家。甚至他们中互相发生矛盾，去找“乔哥”也能“摆平”，倒是很少跑到班长那里“打官司”，全不把他这个小班组长当干部看待。

这个圈子里的员工在机修班组建前分属不同的班组，素不相识。但都有一个特点，就是在工作中善于钻研、喜欢琢磨，有时为了找到一个能省时省力的窍门而煞费苦心、不遗余力。他们会干，也会玩，喜欢有定额、包干式的干活方式。干活时干脆利索，干完后就尽情休息。他们讨厌那种工作不像工作、休息不像休息的干活方式，要是让他们干那种无定额、马拉松式的工作，一准儿吊儿郎当。

因为这些人工作态度或生活情趣都有很多共同点，工作中能够互相欣赏，谈天说地能聊到一起，所以彼此越走越近。“乔哥”属于特别能钻研的那种人，技术上最突出，大伙儿也服他。他为人坦诚、开朗、随和，说话不隐讳自己的观点，理所当然地成为这个圈子的核心。

蔡东平本能地产生了一种危机感，他感到组员们没把他这个小班长当干部，而“乔哥”才是他们心目当中的干部，是他们的老大。他感到这个班里有一个隐形的团体，而且对团体内员工的影响力更加直接、有效，其核心人物简直就是一个隐形的“影子班长”。这种隐形团体很容易对领导的权威形成挑战，蔡东平感到了压力，但他并没有贸然对这个隐形团体下“好”与“坏”的结论，而是进一步观察这个圈子。

对于这样一个“非正式组织”的群体，蔡东平表现出了最大限度的理解、尊重和关心，采取了一种积极引导的主动态度。安排工作时，尽量搞定额包干，让他们的技术优势充分展现。对他们的突出成绩、贡献和积极的工作态度，及时提请企业给予表彰奖励，让他们的成就感、荣誉感、自豪感及人生价值得到最大限度的体现和满足。根据工作需要，蔡东平还组织这个群体中的成员临时成立技术攻关小组，在班组正式组织和“乔哥”他们“非正式组织”之间形成了一种建设性的和谐关系。在工作中，蔡东平总能感到他们从一个隐形的角度对他的支持和帮助。

班组长是班组的带头人，企业培育“四有”员工队伍，离不开班组这个前沿阵地。班组长作为班组队伍的领导者，承担着学习型班组创建的重任，既要以身作则，把自己当干部，又要依靠骨干带头，把大家的积极性都充分调动起来。班组是生产第一线多种关系的交会点，班组长要学会协调上下级之间、班组之间、班组成员之间的关系，化解矛盾，促进合作，使其和睦相处，推动班组工作上水平，并进而当好自己的“干部”。

5 班组长是这样炼成的

班组长是班组建设的带头人。只有具备了高素质的班组长，才可能把不同经历、经验和个性的员工凝聚在一起，成为学习型的团队，将不同人的经历、经验转变为团队的财富、企业的财富，并且在每个成员贡献自己智慧的同时也获得成长的条件和机会，共享企业发展的成果。学习型班组长应该具备下面一些素质和能力：

◆能够坚持原则，敢于管理，作风正派，办事公道。

◆有一定的组织协调指挥能力，能充分利用班组现有生产条件，带领班组员工完成各项生产任务，实现计划目标，创造最佳效益。

◆有一定的生产实践经验，会管理、懂业务，具有与生产操作要求相适应的技术技能。

◆善于团结班组成员，会做思想工作，并能以身作则，关心班组员工的合理要求。

◆具有适应社会主义市场经济的新理念，有勇于改革和不断开拓创新的精神。

◆具有一定的文化水平，掌握一定的现代化管理方法和相应的知识。

作为企业来讲，必须创造一个有利于学习型班组长形成、成长、发展的良好环境氛围，这样才能炼成一个优秀的学习型班组长。

社会共识是炼成班组长的宏观因素，对学习型人才的作用和重要性的认识，尊重劳动、尊重知识、尊重人才、尊重创造，使得抓紧实施人才强国战略成为一种必要。知识经济时代、信息化时代为培养学习型人才创造和提供了根本性的社会环境，提供了更广阔的活动舞台和实践机会，造成学习型人才辈出的土壤和气候。例如：现代教育为培养学习型人才奠定了扎实的基础；现代科学技术对学习型人才的需求和要求，同时学习型人才也造就科学化；现代信息全面改造了人才，使学习型人才具有现代化、专业化、智能化和创新、创造能力的特点。

要想炼成一名合格的班组长，作为企业来讲，要有合理、科学培养学习型班组长的选配、培训、使用、考核、评比、晋级、奖励等规划、计划、机制和制度。企业要充分认识到，班组建设，是企业综合性的基础建设和活力的源泉。只有把班组工作抓好，才能培养良好的职业道德。只有班组充满生机，企业才会有活力和后劲，才能发掘出蕴藏在广大员工中的积极性、聪明才智和创造力，企业才能稳步发展。这其中的重要一环，就是要培育和提拔优秀的班组长，为他们做好职业规划，让他们看到自己的人生价值之所在，明白自己身上肩负的不仅仅是一份工作，自己的班组长称号也不仅仅是一个称谓，而是一份实实在在的责任，也是一份无上的荣耀和极高价值。为此，企业要完善各项机制和制度，为班组长的成长创造一切有利条件。

2007年7月19日,《楚天金报》上刊载了名为“真假的士”的新闻。文章说7月17日下午3时许,武汉经济技术开发区交通大队发现路边一候客的士前牌照存在仿造嫌疑,经认真甄别和上网比对,确认了这台鄂AY0358薄荷青的士为套牌车。恰巧,在此之前的一个星期,该公司一驾驶员兼班组长就向公司打来电话,称在青年路往机场河的方向有辆鄂Y0358是薄荷青色,因此怀疑是套牌车。营运中,公司和车主均提高了警惕。这位班组长心系公司每台车辆的责任感可见一斑。

其实,一名优秀的班组长就是由一点一滴小事而起,从持之以恒心系行业中而来,任何事情无论是否关己,只要能抱着一份求进、用心、执着的态度,抱着为企业、为集体服务的态度,那么有你的地方就会一米阳光,照亮并温暖着周围的人们。

现在,摆在多数领导者面前一个突出的现实问题,就是用什么观念、标准与原则、方法来识别、选拔学习型班组长。

◆观念。必须破除计划经济条件下的、传统的人事劳动用人制度的观念,树立知识经济时代,现代人力资源管理的观念。譬如在选拔班组长时,破单纯作业型,立生产管理型;破单纯技术型,立全面素质型;破单纯技能型,立知识技能结合型。

◆标准与原则。要求选用认真好学、勇于创造、工作踏实的人。主要有平等竞争原则,德才兼备原则,选人不拘一格原则,用人用其所长原则,重工作能力原则,工作动机优先原则等。

◆方法。选拔的方法可使用选举制、推荐制、聘用制;识别的方法:要在实践中识别,要领导和员工相结合,要有全面的工作,要有本质和主流。

◆要求。要注意鼓励工人当选班组长,大胆培养、使用青年班组长;要考虑班组长的智能结构,做到人尽其才、才尽其用,充分发挥每个班组长的积极性、创造性;要注意班组长的组合结构,如年龄结构、性别结构、政治身份结构、新老结构、部门结构等。

社会因素、企业因素是外因,外因还必须通过内因起作用。要想“炼”

成一名优秀的班组长,他还必须更多地发挥其自身内在的作用。学习型班组长的成长和发展的内在因素,是指影响人才自身发展的思想、智能、身体等内在条件和基本的心理品格。这就要求班组长具备一些人才成功的基本品格,包括:坚定的理想和信念,热爱事业,培养自己的有益爱好和专长;勤于思考,善于质疑,发展自己的好奇心和想象力;刻苦勤奋,锤炼自己坚忍不拔的顽强意志;破除迷信,解放思想,培养自己勇于探索真理的创造精神,克服、消除保守性、随众性、狭隘性、刻板性、嫉妒性等妨碍人才成功的心理品格。人才成长和发展的重要基础是人的智力发展,智力包括三个方面的活动能力,即人的感知、记忆的能力和人的想象、思维的能力;人的创造性解决问题的能力。智力的发展是先天素质、社会环境和教育影响、个人努力诸因素相互作用的结果。人才成长和发展的关键因素是人的创造性思想活动。人才的创造活动,主要是创造性思维活动,没有创造性思维活动就谈不上人才的创造性活动,更谈不上创造性成果。创造性思维活动的水平高低,往往取决于人的创新意识、创造灵感、创造能力的多少。

攀钢新钢钒公司轨梁厂万能轧钢车间轴承预装班班长黄明安,当了近二十年的班长,可回想起刚当班长的事,他至今仍记忆犹新。

黄明安开始当的是机械车间大剪班班长。他做梦都没想到上任的第一天就闹了个笑话。那天正好赶上车间设备检修,在分配任务时,黄明安因有点紧张,一张嘴就把更换半圆瓦说成了更换钨金瓦。顿时,全班哄堂大笑,还有人冷冷地冒出:“哼,什么都不懂,还当班长?”黄明安顿时满脸通红,平时快言快语的他变得结结巴巴,好半天才把当天的检修任务安排完。

那天晚上,黄明安怎么也睡不着,白天那尴尬的一幕总在眼前出现,心想:自己不论是当钳工,还是当初轧班副班长,学技术、钻业务总是受到领导和大家的称赞,可今天,却闹出这么个笑话。不能让班里人瞧不起,他暗下决心从头学起。从第二天开始，他把大剪班所管辖的设备图纸全部找到手，从每一个零部件开始熟悉，进步很快。之后，不论是干活，还是安排工作，班里再也没人有机会取笑他了。但是，大剪班的工作却仍无起色，班里的气氛仍然沉闷，班里的人也还不服他管。

有一次，他安排一名青工去现场处理设备故障，那名青工却爱答不理的仍然躺在椅子上一动也不动。当这个班长以来，类似这样尴尬的事黄明安可没少遇，每到这种时候，黄明安就感到束手无策，对自己能否当好班长也更加没有了信心。他想了一些办法来提高自己的威信，却没什么效果。难道自己真的只有灰溜溜地离开大剪班了吗？黄明安还真不甘心。

有一天，在休息室里，黄明安注意到班里的几位老师傅聊家事聊得津津有味，茅塞顿开。他想，要得到这些老师傅们的信任和支持，直接跟他们谈班组管理的事，他们肯定听不进去。如果先跟他们聊一些他们感兴趣的事，待相互之间有了感情并获得他们信任之后，再聊班组管理的事可能有门儿吧？想到这儿，黄明安决定从聊家事入手尝试着与老师傅们沟通。

听说班组技术大拿荣光凯老师傅的孩子们学习好，一天，干完活后他抱着试一试的心理，先找到他唠孩子学习的事。没想到平时不好言语、喜欢闷头钻技术的荣师傅，说起三个骄傲的女儿话就多了，跟黄明安说话的语气也亲切多了。黄明安看这种交流方式挺灵，便又找家在农村的老师傅聊家乡农田、庄稼、农村生活之类的事。每当班里有人生病他就主动去探望，有人遇到难事就想办法帮忙解决，就这样他经常与大伙交流、沟通，慢慢地加深了彼此之间的感情。

随着老工人离岗，厂里青工越来越多。不少青工都认为钳工活没什么学的，工作也马虎。黄明安心想，如果青工来到班组一开始就缺乏认真劲，养成了懒散、厌学的坏习惯，以后改起来就难了。于是，黄明安组织了一次考试，让班里青工按要求到库房去拿天天打交道的螺丝、螺帽和工具，由于规格类似、尺寸相近，结果没有一个人是全拿对的。这次考试，使青工们受到了深深的触动。

自此以后，黄明安每月都要在班组进行技术讲座、技术练兵和各种理论、实际操作考试。厂里举办员工技能大赛，班组青工个个都"铆"足了劲，结果，除第二名外，钳工前五名全被黄明安班组包揽。后来，这批青工大都成了世界领先技术的攀钢轨梁万能轧制生产线重要岗位的检修和维护骨干。

2004 年，随着攀钢三期技改工程建设步伐的推进，攀枝花新钢钒股份有限公司轨梁厂原初轧工序的老设备彻底淘汰了，建成了世界一流的万能生产线。从初轧工序拆除那天起，黄明安就在想自己今后去干啥？万能生产线先进的设备和工艺，用英文标注的图纸，凭自己的文化程度和年龄，想当个合格员工都很难，更别提当班长了。可他仍不甘心，心想，万能生产线的新工艺、新技术大家都是第一次接触，自己虽然文化低、年龄大，但只要刻苦学习，一定能行。他是这样想，也是这样做，又一次通过刻苦学习，当上了万能生产线万能轧钢车间轴承预装班班长。最让人不可思议的是，他还把进口备件——万能轧机轴承座给玩转了，使一套立辊轴承提高了三四倍的使用寿命。

2006 年，黄明安发明的"立辊轴承拆除装置"获得了攀钢"金点子"奖。同年，他还获得了"国资委知识型先进员工"的荣誉。

随着现代企业班组结构日趋精简，班组成员流动性加强、学历层次大大提高，班组长必须由技能型向智能型发展，这就要求他们不仅应具备良好的能力结构，同时还要具备良好的心智模式，这样才能"炼"成为一名现代化企业称职的班组长。

6 学习型班组长官不大事挺多

学习型班组与传统班组在管理上发生的变化，客观上对班组长提出了更高的要求。作为一名学习型的班组长，必须要认识到自身职能的转变。在以自主管理为特征的学习型班组中，班组长的作用不是削弱了，而是发挥作用的方式发生了转变。传统的班组管理方式下，班组长高居在上，实施控制；自主管理方式中，班组长处于核心位置，重在领导和沟通。在现代企业，作为兵头将尾的班组长别看官不大，事儿还真不少。

位置上的转变，要求班组长的职能也发生相应的转变，既涉及管理能力上的，也包括班组长心态和观念上的。具体来说，主要包括：

◆由任务导向型向团队建设型转变。创建学习型班组要求，班组不仅要重视完成生产任务，保证企业目标的实现，更要通过加强团队建设，提高班组成员综合素质和能力，实现企业和班组成员的共同发展。

◆由集权管理型向自主管理型转变。创建学习型班组，就是要通过自主管理，形成班组的共同愿景，使成员能以开放求实的心态，不断学习创新，从而增加组织快速应变、创造未来的能量。

◆由程序管理型向变革管理型转变。学习型组织理论认为，现代组织所处的环境不断地变化，组织应当深刻认识变化，时刻关注动态。这就要求班组长不应局限于既有定式，满足于现有的状态，要主动认识、积极采取应对措施适应变化，从而使班组能够经得住变化的考验，在适应变化中得到发展。

◆由专业技能型向能力复合型转变。创建学习型班组不仅要求班组长具有较高的技能素质，还要具备持续的学习能力、较强的创新能力和较高的管理协调和领导能力，以适应动态、自主管理和团队建设的要求。

创建学习型班组，要求班组长实现岗位职能的转变，担当新的角色。具体来说，在推进学习型班组创建过程中，班组长必须担负起先行者、领导者、组织者、变革者四种职能。

这里所说的先行者,就是要求班组长面对新事物先人一步,就是通过自己的思想,特别是行为,来影响和带动其他人。在班组中,班组长是较早接触学习型组织理论的,担负着创建学习型班组的重要使命,应当在学习和实践中走在前面。在学习型班组创建过程中,班组长应当在理念学习、理念传播和创新实践中当好“先行者”。

◆做理念学习的先行者。通过理念学习,可以增强对周围环境、所处组织及其自身的认知能力,进而正确地定位并进一步为自身和组织发展提供可靠的依据。同时还要明确理念学习的内容与方法。这既是集中学习的必要补充,也是将理论内化的必然要求,是理论学习很重要的环节。

◆做传播理念的先行者。班组长要在班组中组织学习活动,传播先进理念,让所有的班组成员都学习并接受新理念,并进而运用新理念来认识事物、分析问题,是推进学习型班组创建的必要准备,也是班组长应尽的职责。

◆做创新实践的先行者。班组长要开展创建工作,必须在学习和理解理论的基础上,更加强调具体的实践,从实践中求得对学习型组织理论以及学习型班组创建的正确认识,从而掌握规律,进一步指导实践。

◆认识“先行者”的长期性。理念认知是一个使组织成员从认识到方法上挑战和突破传统思维方式、管理模式,全面地接受和吸收新观念,并不断提高应用能力的过程,涉及人的思想的改变,是一项长期的系统工程。学习型组织的创建永无止境,对学习型组织理论的认识和理解也不会一次完成。

创建学习型组织,关键在领导。班组长对学习型组织理论的认知水平决定了其所在组织创建的水平。如果班组长不是学习者,就难以建立学习型组织。事实上,彼得·圣吉就曾这样说:“关键性变革的发起,往往始于基层领导,而不是高层领导。正常情况下,很多基层领导具有极大热情与能量带领本团队做一些创新的事情。他们愿意承担风险,而且很多基层领导都是从他人那里学习和建立学习型组织的。”在学习型班组创建活动中，班组长必须要当好"领导者"，使全体班组成员全身心地投入，持续推进创建活动的开展。

◆激励拉动。激励是领导艺术的核心。班组长必须善于将精神激励与物质激励结合起来，运用多种激励形式，以激发和保持班组成员创建学习型班组的积极性、主动性和创造性。

◆示范带动。榜样的力量是无穷的。通过树立榜样，推广典型，发挥示范带头作用，是领导者的重要工作，也是学习的一种有效方式。特别是在面对新事物，班组成员出现犹豫、观望或不知如何去做时，榜样的作用就显得尤其重要，而最有说服力的榜样莫过于班组长自己。

◆导引助动。让班组成员学习和接受学习型组织新理念，并在其指导下开展学习型班组创建活动，班组长仅仅当一个知识的传播者是远远不够的。学习型组织理论的学习和实践涉及人的思维转变、行为转变，不是简单的知识积累。

◆服务促动。领导就是服务，是以人为本思想在管理中的具体体现。班组长的服务职能首先表现在对实现愿景的使命感。他自觉地接受愿景的召唤，成为愿景的仆人，这改变了班组长与自己个人愿景的关系。班组长的服务职能还表现在对创建工作的推动上，特别是要创造一个有利于创建工作开展的良好环境

创建学习型班组的美好愿望，只有通过周密的计划、精心的组织和持续的实施才有可能实现。把理念、思路具体化为班组创建的具体方案、行动，是班组长职能的应有之义。在传统管理工作的基础上，班组长要在推进学习型班组创建过程中把握好设计、实施和评价三个主要环节。

◆成为创建工作的设计师。设计是一项整合的工作，设计者必须确认各个组成部分能互相搭配，发挥整体的功能，从而让组织动起来。班组长应当把设计的过程当作班组成员共同学习的过程，使组织中所有人都能参与到创建的过程中，并在参与中发展对学习型组织理论以及对班组和自身的认识。

◆成为创建工作的实施者。方案和载体不等于创建，只有把这些方

案、载体付诸实施，才有可能取得效果。一方面，班组长要运用各种管理手段，按照创建方案的安排，组织全体成员开展创建活动；另一方面，班组长还要更加重视对实施过程的控制。通过这样连续不断地调整、控制，不断地推进创建工作的深入开展。

◆成为创建工作的评价者。能否有效地开展创建活动，关键在于评价。评价是推动创建工作不断发展、促进创建目标实现的必要环节。有效的评价要解决三个主要问题：如何评价，即标准问题；谁来评价？相应地，对班组创建工作的评价，可分为内部评价和外部评价；评价要与措施相结合。

置身于今天这个巨变的时代，任何一个企业都会有这样的共识：企业内部的学习必须等于或大于外部的变化，否则企业就将灭亡。而学习实际上就是变革。作为企业最基层单位的班组，也应当深刻地感受到环境变化对企业和员工带来的紧迫感、危机感，努力地通过自身的变革来适应这种变化。学习型班组创建就是主动实施变革的有效途径。在这个变革的过程中，班组长发挥着关键的作用。

◆努力增强变革意识。正如管理大师彼得·德鲁克所说：我们正处在一个巨变的时代，在这个时代，唯一不变的是变化。班组长要具备强烈的变革意识，乐观的变革心态，调动班组成员的积极性，使大家在内心对创建工作产生由衷的认同，并把这种意识有效地传达给班组的成员，从而激发大家共同的变革意识和创建热情。

◆持续提高变革能力。所谓变革能力，就是学习能力。学习型组织理论所说的学习，是一种具有持续性和战略性的获得知识并加以运用的过程。因此，学习不仅仅是获得知识的技能，更重要的是，学习涉及人的思想、观念、行为的转变，是能力的培养过程。而这种能力，更多地是指变革的能力。

外部环境促进了我们学习的愿望，通过学习掌握新知识和新观念，新的知识会引导一个新的技能，新的观念会提升一个组织新的创新与变革能力。以学习来塑造组织变革能力，是班组长在创建学习型组织中的重要任务。

黄义庆是中梁山矿务局南桥煤业公司采煤队一位普通生产班班长，在这个普通的班组长岗位上创下了不一般的业绩。他2004年被公司评为“首席员工”，2005年被评为“优秀员工”，2006年至2009年连续四年被评为“安全生产先进个人”，2010年被蒲白矿务局评为“优秀班组长”。他所带的班组已连续安全生产9年，并始终保持着“工人先锋号”班组的荣誉称号，他本人被大家称为“矿山娇子，煤海明星”。

黄义庆出生在陕西吴旗县一个偏僻而又贫困的小山村，贫困使他只具有初中文化，贫困使他立志走出大山，去开创新的生活。2001年，他在亲朋的介绍下来到了南桥煤业公司采煤队当了一名采煤工。他天生勤奋好学，骨子里流淌着农民吃苦耐劳、朴实无华的血液，为了实现自己的梦想，他除了参加矿上组织的业务技术培训外，更是利用一切时机给自己“充电”。为掌握过硬的安全生产技能，他自己购买采煤工艺、矿山机电维修等方面的技术书籍，在业余时间进行学习，虚心向老工人请教，并在实践中摸索、锻炼和积累经验，每月要记万字以上的学习和工作笔记。功夫不负有心人，经过一年的不懈努力，他成了煤矿安全生产的“多面手”，在众工友中“一花独放”被提为班长。

黄义庆说：“一花独放不是春”。为提高班组的整体素质，他将自己学到的知识及积累的经验，言传身教，毫无保留地传授给班组成员，使班组的综合素质和战斗力大幅提高，安全生产水平不断攀升，工作中屡创佳绩，成为公司一支特别能战斗的“标杆”生产班组。2008年公司把推广应用悬移支架采煤新技术新工艺的重要任务交给了他，面对这项艰巨的任务，他没有退缩，在他的带领下，班组成员对新技术、新工艺、新知识的学习积极性空前高涨，通过学习，班组成员很快掌握了支架的操作技能，并在很短的时间内完成了悬移支架的安装和试生产这项艰巨的工作任务，为全公司的安全生产和提高经济效益做出了突出贡献。

他常说："当班长就意味着要吃更大的苦，受更大的累，担更大的风险，负更大的责任"。他总是把最困难、最危险的事留给自己。2010年3月份，工作面34号支架处因片帮冒顶造成矸石大面积堵塞、支架蹬空，无法向前推进，必须在支架上方打木垛接顶。在支架上方温度高，空气稀薄，易再次发生片帮冒顶的情况下，他一马当先，以娴熟的技艺和胆识迅速处理好隐患恢复了安全生产。自担任班组长以来，他每天总是提前半小时到队上，了解上一班工程质量及安全生产情况，掌握安全生产注意事项。九年来，他所带领的班组硬是没有出过轻伤以上安全事故。

可以应用管理者的角色理论来分析班组长的日常工作职责。作为企业最基层组织的管理者，班组长应清楚自己在企业和班组中的地位、作用和角色，努力当好"四种人"：即在管理上做上级放心的人，在技术上做值得员工信服的人，在工作中做值得员工信任的人，在生活里做值得员工信赖的人，这样的班组长，才是一名合格的班组长，一名优秀的班组长。

第二章　学习型班组长必备知识和技能

作为学习型班组长，必须具备一定的知识，掌握一定的技能。要想当个有水平的领导，他就必须具备一定的管理知识和技能。他还必须保持随时随地学习的习惯，因为不学习就要落后，没有创新意识，不掌握创新知识，很快就会被淘汰。另外，一定的生产安全法知识和急救的知识，也是一名合格的班组长所必须具备的。

1 管理知识与技能：当个有水平的领导

班组是企业的细胞，是生产第一线多种关系的交汇点，是企业上级领导与一线员工之间沟通的桥梁。班组管理是企业管理的基础，同时也是企业管理的关键所在。班组长管理知识的多寡、管理技能的长短尤其是沟通和协调水平的高低，直接影响企业整体工作进度和经济效益。可以说，能不能当好一个有水平的领导，班组长的管理知识与技能是一个非常重要的标准。

做好团体管理是班组长的一项重要职责，也是班组长水平的重要体现。团队管理的成功在很大程度上取决于班组长对下属人员的了解、影响、沟通、教导和指引的能力，与人们一起工作的能力是管理成功的先决条件，它要求班组长掌握一定的技能。团队管理技能就是班组长利用恰当的管理手段和方法把知识转化为生产力。

班组管理的最大特点就是员工直接参加管理，如建立以承包为主的多种形式的经济责任制，激发员工生产积极性；实行班组经济核算，人人在生产中当家理财；建立质量管理小组，开展全员性质量“自检”、“互检”活动，搞好全面质量管理等。

班组管理的基础知识和基本工作主要内容包括班组标准化工作、班组定额工作、班组原始记录等等方面。班组管理基础工作中的各项内容在班组管理中既相互联系，又各自独立，具有重要的地位和作用。在日常的管理中，班组长要掌握班组标准化、班组定额、班组生产、技术知识、人际交往、概念形成和分析等等多方面的知识和技能，它们也是班组长管理水平集中的和全面的体现。

班组标准化工作是以制定和贯彻各项标准为主要内容，使班组工作形成制度化、程序化、科学化的活动过程。企业标准主要通过班组进行贯彻，因此班组长工作标准化是企业标准化工作的重要组成部分。

班组定额是在主管部门统一领导下，在一定的生产技术条件和时间内制定的有关班组人力、物力、财力利用及消耗所应遵守或达到的数量标准。在班组中，凡是能够计算和考核工作量的岗位和人员，都要建立平均先进的定额。所谓平均先进，就是经过努力，多数人可达到或超过，其余人可以接近的水平。定额的种类，按定额的内容可以划分为劳动定额、物质消耗定额、期量标准等。

班组生产管理活动的原始记录和统计报表是班组工作成果的主要表现形式，是按劳分配的依据，也是企业进行生产经营管理活动的第一手材料，更是企业信息工作的最基本环节和工作基础。因此，班组长要搞好班组管理基础工作，首先要从抓好班组原始记录工作入手。班组在设计原始记录时应考虑记录对象、时间、内容、格式、方法、传递路线等主要内容。原始记录应达到以下要求：齐全、准确、及时、适用、系统、简便。班组原始记录的收集是一项量大、面广而繁琐的工作，涉及经营管理活动的各个方面。因此，班组长必须按原始记录的内容、对象、范围、时间、频率、数量等方面的要求，制定严格的管理制度和工作程序，使收集工作做到准确；可靠、完整。

班长郑玉祥为人正直，待人热忱，工作中能够积极主动，事必躬亲，生活中也能关心班组成员，可谓是个老好人，但最近工长找郑玉祥谈了一次话，觉得他对班组的管理并不理想，工作安排得太过细琐，班组生产状态混乱。同时，郑玉祥发现，组员们工作中也并不积极，原来的骨干现在干活也失去了积极性。原来，郑玉祥虽然能够很好地领会上级的指令，并认真执行，但他对班组成员工作量的分工做得太细，往往有的活在班组会中提了又提，至于具体要谁去做，怎么做，他更是千叮咛成嘱咐，生怕他们没有明白自己的意图，而把事情做不好。当发现工作并没有及时较好地完成时，关玉祥干脆自己就赶紧跑去干了，这样自己整天就像个救火队员一样，哪有活到哪，而干了活的组员得不到褒奖，不干活的队员他也不批评，因为他并没有指定每名组员的工作任务。长时间下来，工长发现他们班的工作进展异常缓慢，而组员积极性不高，甚至出现偷懒现象。

一个好班长的标准往往不是你自己干了多少活，而是你带领班组怎样完成的工作任务。作为班组长，良好的组织协调能力往往更加重要，要能够激励带动大家共同做好工作。明白这个道理后，郑玉祥决定不再做大好人，开始大量学习管理知识和技能，并将它们运用到实际工作中。一段时间之后，班组风气得到良好改善，效率也比以前高多了。

班组长技术知识主要是从事自己管理范围内所需的技术和方法。管理层次越低的管理人员就越需要具有较全面的技术技能，班组长一般都是由优秀的技术员提拔上来的，出色的技术知识是其安身立命的法宝，又是他对班组成员进行管理的重要砝码。

一个团队长或管理者大部分时间和活动都是与人打交道，对外要与客户之间进行联谊和接触，取得共识；对内要联系、了解和协调下属，调动员工的工作积极性。所有这些都必须要求管理人员具有良好的人际关系技能，这个技能对分支公司总经理、团队主管、主任都具有同等重要的意义。在相同的条件、背景、环境下，一个具有这方面技能的管理者在经营过程中取得的成功概率肯定要大得多。

概念形成技能指班组长进行抽象思维换位思考，形成清晰概念的能力。作为班组长，需要快速敏捷地从纷繁复杂的环境中辨清各种因素的相互关系，抓住问题的实质和要害，并根据复杂形势和矛盾问题果断地作出正确决策。

一个优秀的、成功的经营者，团队长必须具有诊断甄别能力。根据组织内部各种现象和表象来分析研究事物的内涵和本质。

分析技能指管理者在某一形势某一环境下分析鉴别问题主要矛盾的能力，分析各种问题的相互关系和普遍联系，找出其中最主要的问题和解决问题的主要方法。

总之，一个成功的管理者必须具备上述几个方面的管理技能。但是，针对不同层次的管理者，在这些方面的要求有所区别。

景长春是刚上任不久的班长,班组里大多数都是老工人,景长春是最小的。景长春由于刚上任,工作经验不足,有许多问题不是太了解,每当遇到什么困难的时候他都主动请教班组里的老同志,来听听他们的解决办法,而且工作之余爱和大家聊聊天,沟通沟通感情,交流交流看法,讨论讨论问题,景长春在不断自我强化的同时,也激发了大家钻研专业知识的热情。自从景长春当上这个班长之后,这个班组职业技能不断提升,工人素质也有了很大进步。

景长春是一名好班长,虽然年轻,专业知识不是很过硬,但他虚心学习,知道与别人交流,乐于听取采纳别人的意见,这是一个非常好的习惯。因为沟通是人与人最好的交流方式,大家互相沟通了,才知道各自的想法,才能知道自己的错与对,才能不断完善自己,使自己向一个新的高度迈进。在讨论交流问题的同时,自己的职业技能水平也会不断攀升,一步一步达到很高的层面。同时,沟通和讨论也能激发班组其他人的热情,充分调动大家的积极性。

2 学习技能:学习是一辈子的事

俗话说"活到老,学到老",其实放眼人的一生,无时无刻不在学习,人们也很容易养成学习的习惯。当一个人养成了学习的习惯后,他"学到老"是很自然也很容易的事情。而养成这个习惯却不是一件容易的事情,需要花很长时间去养成。对于身处学习型时代的我们来说,学习其实是一辈子的事,圣训说:"学习知识,从摇篮到坟墓。"作为班组长,因为要带领班组完成各项工作,他自己必须掌握一定的学习技能。所谓学习技能,是指在学习实践和学习操作过程中掌握专门技术的能力,运用知识和经验执行一定活动的方式。

班组长首先要掌握持续性学习的能力。所谓持续性学习,就是班组长在学习上不断地学习、不停地学习、永远地学习和终身地学习。班组长不仅要有这样一种非常重要的学习能力,而且更要有这样一条非常重要的学习理念。这是因为:

◆从一般意义上讲,在社会、组织和人类必需的学习活动中,学习的知识、学习的本领是无穷无尽的宝库,是知识的海洋,可谓“学海无涯”、“活到老、学到老”。

◆从时代特征上讲,知识经济是当今时代的根本特征,而“知识”又是“知识经济”的核心,知识成为经济增长最为重要的资产来源。班组长要时时处处学习新科技、新知识,否则就会跟不上时代前进的步伐。

◆从变革发展上讲,变革、改革是一切发展的动力。这就需要班组长面对新变化、新情况、新问题,要学习、要研究、要适应,否则不进则退。

很多人可能只看到那些身家动辄千万的富豪没有上过大学或好大学所以没有受过高等教育,同时也奇怪于他们凭什么取得那样大的成功,却忽略了他们在艰难的人生历程中、在社会大学所锻炼出的优秀品质与持续学习经历,而这些历练所带来的知识与经验,才是他们可以高人一等的根源所在。这种非正规的学习机会,不是每个人都能够得到的;他们通过这种非正式学习掌握知识的能力,也不是每个人都具备的。

其次,作为班组长,也要掌握非正规学习的能力。非正规学习就是指与正规学习相对而言的,非规范化的学习。这种非正规学习,或者是在企业的计划安排下,或者是个人按照一定的目标,自发地或自觉地进行非规范化的自主学习,自学成才,自我发展。非正规学习具有一定自由度、自主度、发散度,对于班组长来说,其所接受的大多数学习,都是这种非正规的学习。

有的公司不仅安排了许多培训机会,对所有层次的员工由公司出钱进行培训,还以挑战性工作、岗位轮换、计划工作的形式,把学习结合到工作中,对班组长进行培训。班组长要用单独来制定自己的学习计划,可以与自己的上级商量,详细规划关于能力开发、培训、提级、业绩的一系列目标。它被用来代替职务记录和业绩评价。这样,班组长就成为“按照目标学习”、和自我管理的学习者。

在有的企业，还建有员工的“持续学习中心”。这种持续学习中心，是对企业对班组长提供若干不同结构的学习网络，多数是自发性的。建立学习中心的班组、部门，其成员交流信息，适时培训，台式学习，共享信息，帮助他人培训，不断改进工作，共享革新成果。

作为车间基层管理者——班组长，傅红星总是千方百计学技术、强本领。他除了向师傅请教之外，还通过外出培训、参加集中授课、技术攻关等形式，将自己的技术达标与各项利益分配挂钩，促使自己学技术、钻业务。与此同时，他还加大了自学的投入力度。在参加业余时间学习方面，傅红星积极参加函授学习、夜大、电大学习等非正规学习，每年投入在这方面的花费就有好几千元。通过学习，傅红星不断提高自身的技术素质，带领班组为企业创下了巨大的经济效益。在当上班组长不到一年半的时间，他就获得了“技术能手”、“革新状元”和“岗位明星”等多项荣誉称号。

再次，班组长掌握要团队学习的能力。团队学习是学习型组织修炼的基本形式，是学习型人才培养的重要保证，是团队智慧大于、超过个人智慧的根本力量，也是班组长必须具备的学习技能。团队由一定组织、部门具有一定数量的人员组成，这些人具有相互补充的技能，为达到共同的目的和绩效目标，他们使用同样的方法，他们相互之间承担责任。团队的核心就是团队的合力，即凝聚力。团队学习实际上就是指团队的组织学习，就是指成员的共同学习。

班组长要认识到，团队学习具有交互作用的特征，团队的输入转变为输出的过程，不仅仅是个人大脑的联合作用，而且更重要的是它是一个组织成员交互作用、个人学习和产生强力作用的过程。通过团队学习的交互作用这一过程所形成的共同想法应属于团队全体，学习的成果是团队成员共同获得的，作为学习过程的输出是一种共同的输出。一般来说，团队学习是集中进行的，并具有比较明确的学习目的，或有比较清楚的讨论内容,因此,就比较容易强化每个成员的学习动机,激发起成员的学习兴趣。

最后,班组长要掌握实践性学习的能力。实践性学习就是在工作中的学习。学习应该是有意义和有成效的。但实际上,班组长常常受到一种理论与实践脱节的课堂模式的影响,结果使学习看上去不实用或价值不大。这就要求,实践性学习应明确地将理论与实践相结合,把知识和经验相统一。它是实时的、在线的学习,班组长不仅仅在人工的、受到保护的环境中学习,也要在实践的磨炼中以及特定的经营环境中学习。

万胜强主要从事国外航空零部件加工工作,参加工作十余年来,通过不断的努力学习,由一名普通的技校毕业生迅速成长为高级技能人才,和他的团队一起做出了卓越的贡献。

在一次意大利航空公司 ATR72 机身 16 段第一架份的生产中,因零件延误而导致生产交付周期只有 11 天。在这么短的时间内,完成这样重的任务几乎是不可能的。但万胜强和他的团队还是接下了这个任务,因为他认为这是自己义不容辞的责任,不能推脱。万胜强与全班的同事们刻苦学习,发扬团结拼搏的精神,终于以零质量问题的佳绩胜利完成任务,创造了意航 16 段生产的奇迹,受到西飞公司总经理的通令嘉奖。

在英国宇航公司一、二阶段、波音公司 737—400 客改货工作中,万胜强狠抓学习,充分发挥了高级技术工人的能动作用,解决和排除了生产中许多疑难问题和故障,为公司转包生产上批量和新产品试制,作出了突出的贡献,成为岗位上成长起来的新一代"工人铆接技术专家"。他参加工作以来的 10 年间,从未发生过任何质量和技术事故。

2004 年 10 月,美国波音公司将"波音信得过员工"奖牌和证书交到他手中。波音公司凡获此殊荣的职工在任何情况下都不得解雇,万胜强成为亚洲第一个获此殊荣的工人。

在知识经济时代,竞争日趋激烈,信息瞬息万变,盛衰可能只是一夜之间的事情。在激烈的竞争中，只有不断学习、善于学习的班组长，才能具有高技能、高素质，才能不断获得成功。如果放松了对自己的技术要求，就会成为"吃老本"的掉队者。

练就高超的技术的目的，并不在于班组成员的赞叹和折服使班组长感觉"面上有光"，而是达到"以技传人"。班组长要通过业务指导、言传身教以及组织班组成员互帮互学的形式，努力提高班组成员的整体技术素质，打造名副其实的技能型、创新型班组。勤学乃成功捷径，班组长要成为工作中的多面手。

实践性学习与一般性学习、课堂学习和培训学习，是有区别的，实践性学习注重实践性：这是因为知识从实践中来，并且应当应用到实际工作中去；实践中学习，学习中实践，这是因为实践是检验真理的唯一标准。另外，班组长对于学习的目的、内容、方式、速度，以及对学习的评价都具有实质性的控制。在实践中、工作中，对于学习什么、学习的东西是否有用，班组长要经常提出问题，要思索一些问题。实践性学习有下面几种基本方式：

◆思考式学习。不是一味照搬、一般知道，而是要敢于和善于思考，要求"知其然还要知其所以然"，要求知道要做和做了什么工作，还要知道为何和如何做。

◆问题式学习。在思考性学习中，就要敢于和善于提出问题，带着问题学习，使学习更有针对性。

◆体验式学习。亲自在实践中体验和体会所学习的东西，来判断它的对错、价值。

◆反思式学习。对自己所想、所说、所学、所做的进行反思，总结经验教训，在反思过程中学到更多的东西。

◆批评式学习。在批评与自我批评的过程中，看到不足的地方及其存在原因，寻找改进、克服的途径，在批评的过程学习正确的东西。

管理大师德鲁克说："真正持久的优势就是怎样去学习，就是怎样使得自己的企业能够学习的比对手更快。"学习技能的培养要求班组长不仅要学习宽泛博学的知识，还要学会更快学习的方法，树立终身学习的理念，与时俱进。一个人的学习能力往往决定了一个人竞争力的高低，也正因为如此，无论对于个人还是对于组织，未来唯一持久的优势就是有能力比你的竞争对手学习的更多更快。班组长要想使其所在班组在激烈的竞争中利于不败之地，就必须不断地学习。

3 创新知识与技能：如果不想被淘汰

创新是以新思维、新发明和新描述为特征的一种概念化过程。起源于拉丁语，它原意有三层含义，第一，更新；第二，创造新的东西；第三，改变。创新是人类特有的认识能力和实践能力，是人类主观能动性的高级表现形式，是推动民族进步和社会发展的不竭动力。一个民族要想走在时代前列，就一刻也不能没有理论思维，一刻也不能停止理论创新。创新在经济、商业、技术、社会学以及建筑学这些领域的研究中有着举足轻重的分量。创新首先是一种思想以及在这种思想指导下的实践，是一种原则以及在这种原则指导下的具体活动，是管理的一种基本职能。创新的关键是观念创新，人人都有创新精神，精神来自观念。套用经济学和管理学界的流行词：执行与再造从观念起。观念决定行动，思路决定出路。学习型班组创新的关键是观念的创新，观念的创新源于创新思维。随着世界经济形势和科学技术的飞速发展，人们越来越认识到，永无止境的观念创新，是企业班组成长发展的要诀，是企业和班组各项创新的导向和关键。作为一名班组长，如果不想被淘汰，就要时时想着如何创新知识，让自己的知识库存永远是最新的。

班组长创新的有几个阶段，这同时也是班组长必须掌握的几项技能。

提出问题。就是要求班组长对生产要素、生产手段及指导实践的思想观念等诸多方面列出可能的结果和障碍进行发散。通过对问题解决可能得到的好处，及对阻止解决问题的各种因素的分析，提出有价值的问题。问题就来源于困惑。这种困惑可能是因为“第一次亲密接触”带来的,也可能是对“司空见惯”的事换个角度想一想产生的;可能是因为组员向班组长发问,也可能产生于班组长自己的遐想中……问题的提出或者困惑的产生,常常只是一瞬间,学会留住困惑,就能提出不少有价值的问题。要留住困惑,就要求班组长不仅要有强烈的好奇心,更要善于用自己的话,把困惑说出来、记下来。这样,问题会源源而来,“小疑则小进,大疑则大进”,日积月累,你就会提出有价值的问题了,创新就是有源之水。

寻找资料。就是要求班组长找到与问题有关的尽可能多的信息、数据,从中找出最重要的信息和数据,通过寻找重要资料加深对问题的理解。这个过程可能是非常琐屑、繁重和艰难的,但也是必需的。因为只有占有大量的数据和资料之后,你才能从中抓取出你所需要的,哪些是能够为你所用的。充分占有材料的基础上,开动脑筋,进行一番“去粗取精,去伪存真,由此及彼,由表及里”的加工制作,切实寻找出一些属于自己、真正管用的资料来。

弄清问题。就是要求班组长要尽可能对问题作准确的定义,要弄清楚要解决的是什么样的问题。考虑已表述形式是否还有更恰当的,是否还有体现解决者所需的更好的意图。可以从描述的形式、明确责任、解决问题采取的行动方式,尤其是提出问题的目标或目标区作明确的回答。

寻找制定标准。就是要求班组长不断寻找与问题有关的标准和相关标准,解决问题的标准必须明确具体化,解决问题时,标准越明确,做决定就越容易。标准是选择方案的根据,只有满足标准的方案才能被接受。

生成方案。这是一个重要的“宣泄”过程,根据解决问题的标准,班组长要将出现在自己头脑中的各种解决问题的想法快速记下来,再使用一些创新技巧帮助产生更多的创新和灵感,通过寻找相关和聚焦目标,不断选择出更好的方案,最终选出最好的方案(最适用的就是最好的)。

评价选择方案。班组长主要有两个任务:第一,确定筛选和改进方案的标准;第二,根据标准减少方案的数量,同时提高其质量。这个阶段重点是寻找解决最有价值的方案并加以改进,同时可吸收相关方案中的长处，取长补短，优化方案，努力将它们转化成现实可行的方案。

实施方案。实施方案是设想方案的进一步细化。这个阶段可分为制定计划和执行计划两个子阶段。制定计划应该对谁、要做什么、在哪里、在什么时间、怎样做以及为什么要做等要点有详细阐述。执行计划是制定计划的具体化，要对实施计划的具体时间、地点、执行人和方式等作进一步详细阐述，还要考虑到责任者的动机和能力等可行性问题。

总结提高。班组长要仔细想一想整个解决问题的过程和方法，及时总结解决问题的模式可以积累经验。总结不是“摄影”、“录像”式的表象认识，而是一种高级的理性思维活动，总结的过程是理论与现实对照，产生新的认识的过程，没有理论的指导是很难完成好总结的。总结同时也是对事物进行归纳、对比的逻辑思维过程，逻辑思维能力的强弱与总结的质量有着非常直接的关系。有的班组长轻视总结，过去的事情就让它过去了，从不认真思考其中有什么经验教训，这样的班组长很难有所提高，正确的做法是从实实在在的事情中总结提炼新方法，形成新经验，指导新的工作。

吉林石化化工二班总结了班长的“细胞核理念”：工作叫得响，全员看班长。班长丛强2010年刚满31岁，已经积累了四年的带班经验。在建设创新型团队的实践中，他注重培养“一岗精、两岗通、多岗懂”的复合型技术骨干，大力实施“人人登讲台，个个当教员”的轮训办法，班组一人多岗率由原来的45%提高到现在的86%。几年来，他先后参与实施了丁辛醇装置提高羰基合成反应正异构比，提高管网压力降低蒸汽消耗，氢气管线改造回收等多个攻关项目，三次获得公司级科技成果奖，连续两年被评为公司优秀操作工，连续两次被授予公司劳动模范称号。2009年，他又被中国石油天然气集团公司评为十大杰出青年。在他的影响和带动下，班组呈现出“干中学、学中练、练中比、比中创”的浓厚学习创新氛围。去年6月，B装置400单元处于催化剂使用末期，正异构比和尾气放空丙烯含量出现超标现象，班组经过一个多月的努力，摸索出合成气进料量等最佳工艺参数，正异构比提高了1.2%，尾气丙烯排放量降低了2.6%，仅此一项，每年可创效益150余万元。班组先后涌现出市级“五一劳动奖章”获得者1人，中国石油岗位技术能手1人，全国技术创新能手1人，一花怒放引来了春色满园。

特别值得一提的是，班组长还应鼓励常见员工发明创造活动，它包括组织员工围绕企业生产经营中的重点、难点，发动员工开展献计、献策和评选“金点子”活动。挖掘员工的创造潜能，发挥员工的创新智慧。围绕企业生产过程中出现的难点和急需解决的问题，发动能工巧匠、科技人员进行技术攻关。为充分肯定和鼓励员工自发的技术攻关和改行创新活动，班组长应建立“员工申报、组织评审、表彰推广”的评审激励制度，以提高员工的技术创新能力、为员工构筑施展才能的平台为目的，开展员工培训、练兵、比武、晋级“四位一体”的技能登高活动，让创新意识在全体组员中生根发芽，让创新活动在班组生产中开花结果。

4 法律知识：保护生命财产不受损害

对于班组长来说，一定的法律知识是必不可少的。在领导班组成员搞好生产的同时，班组长应该掌握一定的法律法规知识，除了基本的劳动法、合同法等，最重要的就是安全生产法。只要在生产过程中严格遵守生产安全法，才能保护好公私是财产不受损害，自己的生命安全才有保障。而麻痹大意、玩忽职守，轻则造成财产损失，重则丢掉身家性命。

安全生产法是调整社会生产经营活动中所产生的同安全生产有关的各方面社会关系和行为的法律规范的总称。安全生产法首先调整的是在生产经营活动中所产生的、同安全生产有关的各种社会关系，如：生产经营、单位和从业人员之间的关系；生产经营单位和为其提供技术服务的安全生产中介机构的关系；生产经营单位、从业人员和有关国家机关、社会团体之间的关系等。安全生产法中还包括有大量的技术规范，这类技术规范也可以说是调整在生产经营活动中同安全生产有关的人和自然的关系的一种规范。它是人们为了有效、安全地从事生产经营活动，根据自然规律、科学技术研究成果而制定的，规定在生产经营活动中人的行为和物(包括环境)的状态的一种规范。

我国现行的安全法规，其内容大体可概括为：安全技术规范、职业卫生规范和安全管理法规三个方面，这些必备的法律法规知识都是要求班组长熟练掌握的。

安全技术法规是指国家为搞好安全生产，防止和消除生产中的灾害事故，保障员工人身安全而制定的法律规范。我国现行的安全技术法规很多，涉及各行各业。比如《矿山安全法》、《矿山安全法实施条例》、《煤矿安全监察条例》、《煤矿井下爆破作业安全规程》、《小煤矿安全规程》、《危险化学品安全管理条例》、《锅炉压力容器安全监察暂行条例》以及《安全网》、《安全带》、《安全标志》、《安全色》、《安全电压》、《机械防护安全距离》等国家标准。另外也包括《安全生产法》、《劳动法》、《建筑法》、《煤炭法》、《消防法》等法规的安全技术方面的内容。它们涉及设计、建筑工程安全方面、机器设备安全装置方面、特种设备安全措施方面、防火防爆安全规则方面、工作环境安全条件方面和个体安全防护方面等。

2004年2月14日上午11时许，成都市肖家河某在建楼盘，35岁的张福春戴好安全帽，拴保险绳后，一个人正在拌灰、抹外墙。他干得很投入，因为刚过完年，多数人都没有回来，当时找不到人干活。他接下这个活后，老板答应给他奖金。一会儿，张福春准备在将灰浆递到上方木板上时，但他必须解开身上的保险绳，不然就周转不开。他解下了保险绳，不料他脚下踩到的建渣打滑，顿时失去重心，身子朝外滑倒，砸烂了外边的安全网后，从离地十来米高的网洞中坠落，当场身亡。

这是一起典型的不注意安全技术而造成的事故，不能不引起我们的高度重视。

职业卫生法规是指国家为了改善劳动条件，保护员工在生产过程中的健康，预防和消除职业病和职业中毒而制定的各种法规规范。我国现行职业卫生方面的法规主要有：《职业病防治法》、《环境保护法》、《煤炭法》、《尘肺病防治条例》、《放射性同位素与射线装置防护条例》、《工业企业设计卫生标准》、《工业企业噪声卫生标准》、《微波辐射暂行卫生标准》等。与安全法规一样，国家职业卫生法规也是对具有共性的劳动卫生问题提出具体要求。它们涉及工矿企业设计、建设的工业卫生方面、防止粉尘危害方面、防止有毒物质危害方面、防止物理危害因素和伤害方面、职业卫生个体防护方面、工业卫生辅助设施方面和女员工劳动卫生特殊保护方面等等。

2010 年 7 月 6 日，开封市环卫工孟庆和从凌晨 5 时工作到中午 12 时 30 分，猝死在岗位上。据开封气象台监测，当日开封市最高气温 40℃。对这一事件各类媒体纷纷报道，评论声不绝于耳。其实，高温下工人的猝死早不是新闻。打开百度搜索敲入“工人中暑猝死”关键词，便可轻易找到若干条相关内容：2007 年 7 月，南京市栖霞区挖土工人申某在户外高温下施工时，突然昏迷，在送往医院的途中死亡，医院给申某的死亡定论是户外高温下持续工作导致重症中暑。2009 年 7 月 23 日，四川籍水泥工周天向在福州仓山一在建工地上顶着高温连续工作十几个小时后猝死。

中暑导致猝死是极端的事例，更多的情况是影响人的身体健康。因此，“中暑”也被列入了国家法定职业病目录。众所周知，中暑一般是人长时间置身于高温下、尤其是长时间在高温下从事体力劳动时容易发生。如果企业在易发生中暑的时段适当调整劳动时间、劳动强度或者采取防暑降温措施，避免让工人长时间在高温下作业，那么，中暑便可有效预防。如重庆能源新疆公司进入夏季后，把工作时间调整为上午 9 时至午后 13 时，下午 16 时至 20 时，中午高温时段休息，从容应对了高温天气。

安全生产管理是企业经营管理的重要内容之一，安全管理法规是指国家为了搞好安全生产、加强安全生产和劳动保护工作，保护员工的安全健康所制定的管理规范。从广义来讲，国家的立法、监督、监督检查和教育等方面都属于管理范畴。因此，管生产的必须管安全。《宪法》规定，加强劳动保护，改善劳动条件，是国家和企业管理劳动保护工作的基本原则。劳动保护管理制度是各类工矿企业为了保护劳动者在生产过程中的安全、健康，根据生产实践的客观规律总结和制定的各种规章。概括地讲，这些规章制度一方面是属于生产行政管理制度，另一方面是属于生产技术管理制度。这两类规章制度经常是密切联系、互相补充的。

2010 年 5 日 13 时 40 分许，湖南省湘潭县谭家山镇立胜煤矿井下负 240 米处在生产过程中发生电缆起火事故。因井下情况复杂，搜救难度大，事发后，湖南省煤炭局、湖南煤监局及湘潭当地政府会商制订方案实施营救，设置两个监测点，对一氧化碳、温度、瓦斯、二氧化碳等指标进行监测并修复起火点。与此同时，救援指挥部还紧急向长沙煤炭坝矿山救援队和娄底矿山救援队求援。最终，25 人因救援不及而遇难。

重视和加强安全生产的制度建设，是安全生产和劳动保护法制的重要内容。《劳动法》第五十二条规定："用人单位必须建立、健全劳动安全卫生制度。"《企业法》第四十一条规定："企业必须贯彻安全生产制度，改善劳动条件，做好劳动保护和环境保护工作，做到安全生产和文明生产"。此外，在《矿山安全法》、《乡镇企业法》、《煤炭法》、《尘肺病防治条例》、《全民所有制工业交通企业设备管理条例》、《化学危险品管理条例》等多部法律法规中，都对不断完善劳动保护管理制度提出了要求。班组长一定要将这些法律法规熟谙于心，并将它们严格运用于日常的生产作业中，防患于未然，只有这样，才能最大限度地使生命财产不受损害。

5 急救知识与应急技能:将危害降到最低

现代生产中,总会有各种各样的伤痛、危害、危险甚至灾难性的事故降临到我们头上。无论是主观故意还是麻痹大意,那些灾害总是不断地发生着。对于班组长来说,指导组员进行好生产工作固然重要,但当生产中出现灾害事故时,也要帮助组员们解决问题。掌握一定的现场急救知识,掌握必要的化学灼伤的处理常识,以及在火灾发生时如何应对等待,都是现代班组长所必须具备的,只有这样,才能保护自己,保护好组员,才能将危害降到最低。

现场急救是指在现场对威胁人体生命安全的各类事故、意外灾害、中毒和各种急症等所采取的一种应急救援和紧急措施,以挽救伤病员或受害者的生命,并迅速将他们安全送往医院,作进一步的抢救检查和治疗。发生人员伤亡事故,现场人员要立即呼救,立即向有关部门拨打呼救电话,迅速了解事故或现场情况,防止事故进一步扩大,并采取措施确保急救人员自身和伤病员或受害者的安全。

急救是对突然性事故的受害者(伤员)或突然发病的患者给以紧急的临时性的救护,以争取时间,等待医护人员的治疗。现场急救原则:机智、果断、及时、稳妥、正确、迅速、细致、全面。同时也千万要记得报警电话——110;火警电话——119;急救电话——120。

急救的首要目的是拯救生命,包括防止严重失血、维持呼吸、防止病情恶化、防止休克、请医务人员等几个方面。急救人员必须做到以下几点。

◆镇静沉着,不惊慌失措;

◆安慰伤者,使保持镇静;

◆争分夺秒,认真抢救(但不采取任何不必要的措施),直至医务人员到来。

◆为使急救工作有效进行,应密切观察病情,灵活运用急救常识,认真执行操作规则。

严重失血是现场急救时最经常面对的一种情况,伤口如与一个或多个大血管相连,即可引起严重出血。由于大量失血,可使伤员在几分钟内死亡。严重出血急救的关键是切勿延误时间,及时止血。常用的止血方法有指压止血法(发现有较大的动脉出血后,用拇指压住出血的血管上方,即近心端,使血管被压闭住,中断血液流动)、包扎止血法(用绷带、三角巾、止血带等物品,直接敷在伤口或结扎某一部位的处理措施)。

化学灼伤也是班组工作中经常遇到的情形。化学灼伤的程度与化学物质的性质、接触时间、接触部位等有关。化学物质的性质越活泼、接触时间越长,受损程度越深;若接触部位是眼、鼻、耳、口腔等,受损程度往往比较深。因此当化学物质接触人体组织时,应迅速脱去衣服,立即用大量清水冲洗创伤部位,冲洗时间不应少于 15 分钟,以利于渗入毛孔或黏膜的物质被清洗出去。清洗时要遍及所有受害部位,腹沟和有皱褶的部位应加强冲洗,防止物质存留,对眼、鼻、耳、口腔等的清洗尤其要迅速、仔细。对眼睛的冲洗一般用生理盐水或用清洁的自来水,冲洗时水流尽量不要正对着角膜方向,不要揉搓眼睛;也可以将面部浸在清洁的水中,用手撑开上下眼皮,用力睁大双眼,头在水中左右摆动。皮肤部位的灼伤,用清水冲洗后,可用中和剂洗涤或湿敷,时间不要过长,然后再用清水冲洗。完成冲洗后,应根据受伤情况及时就医,由医生进行适当处理。

对于煤矿工人来说,经常要到井下进行作业,遇到毒气泄漏的情况在所难免。当遇到毒气泄漏时,应该立即报告相关部门。因为对于毒气泄漏的处理是具有特殊要求的,我们必须了解一些毒气泄漏处理的常识。

若在毒气泄漏现场,应立即穿戴防护服装,并检查防毒面具是否有损坏,能否起到防护作用。如果没有佩戴防护服装或防毒面具时(注:这种情况是不允许在有毒品危险的场所工作的),就应该尽快用衣服、帽子、口罩等,保护自己的眼、鼻、口腔,防止毒气摄入。

当毒气泄漏量很大,而又无法采取措施防止泄漏时,特别是在通风条件差、较密闭的场所，在场人员应迅速逃离毒气泄漏场所。同时千万要记住不要慌乱、拥挤，要听从指挥，特别是人员较多时，更不能慌乱，也不要大喊大叫，要镇静、沉着、有秩序地撤离。撤离时要弄清楚毒气的流向，不可顺着毒气流动的风向走，而要逆向逃离。逃离泄漏区后，应立即到医院检查，必要时进行排毒治疗。当毒气泄漏发生时，若没有穿戴防护服，决不能进入事故现场救人，以避免扩大伤害范围。

当发生中毒事故时，班组长一定要掌握以下急救原则与要领：

◆安全进入现场。救护人员必须做好自我防护，如穿防护服、戴防毒面具或氧气呼吸器等，才能进入毒物污染现场进行救护。否则，非但救不了人，自己也会中毒。

◆迅速抢救生命。救护人员进入现场后，应迅速将中毒者撤出毒物污染区，移至空气新鲜、通风良好的地方，使其仰卧平躺，解开衣领、裤带，头后仰保持呼吸道通畅。然后开始实施急救。

◆设法切断毒源。救护人员进入毒物污染现场后应尽快找到毒物泄漏点，关闭管道阀门，停止送料泵或压缩机，开启排风机等。

◆彻底清理污染。救护人员脱离污染现场后，应立即脱去受污染的衣服、帽子、袜子等。然后用大量清水（解毒液更好）彻底冲洗被污染的皮肤、毛发甚至指甲缝等身体部位。

◆尽快送医院治疗。对中毒者进行现场初步抢救后，应尽快送医院进行全面治疗。

2001年3月6日晚9点左右，三门峡灵宝市某金矿五坑口下井16名矿工。在五坑口8中段以上作业的12名工人，发现巷道内有少量烟气从岳渡巷方向漂来，受其影响，民工出现头晕体软，轻度中毒症状，随即返回地面，向民工队负责人王中会（事故中死亡）汇报了情况。其他4人在9中段工作，因风钻有足够新鲜风供应未受其影响。与此同时，井下电路跳闸，送不上电。王中会骑摩托车到岳渡口与马连宝一同进岳渡巷查找故障，发现巷道内约760米处坑木着火，顶板冒落，便立即组织马连宝、毋建茹等人灭火。经半小时扑救，将冒顶着火段外侧明火扑灭。

3月7日上午民工队主管生产负责人樊景超到井下派完活后，带领民工谭怀顺从8中段前往岳渡巷查看火情。下午4时中班上班后，民工队另一管生产的负责人赵天水得知樊景超和谭怀顺查看火情后未返回地面，随即带领民工汪文华、谭怀寿、韩发平、史守宝、廖康金下井到岳渡巷寻找樊景超和谭怀顺。至此，岳渡巷内已进入8人，一直未返回。这一情况被井下绞车工孙国印发现后，通过电话报告了在地面的王中会。王中会立即带领3名民工下井寻找。

此前，井下4点班工人上班途经岳渡巷与8中段之间的暗斜井时，鲍开朝（民工、风钻手）一氧化碳中毒晕倒，当班工人马上用矿车把他送到地面。同时在井下展开抢救工作。

3月7日下午4时30分左右，井下第一名一氧化碳中毒民工鲍开朝被抢救出井。井下发生事故的消息被住在井口附近的民工得知，30余名民工救人心切，盲目入井开展抢救。同时，岳渡村五坑口负责人之一阎社召一面派人到医院取氧气袋并请求救援，一面亲自开车到灵宝市消防队报警。17时50分左右，灵宝市医院急救中心两辆救护车，6名医护人员赶到五坑口，对一氧化碳中毒人员实施抢救。18时03分，灵宝市消防大队赶到现场，简单了解情况后于18时15分向110报警。同时，组织消防队官兵立即投入抢救工作。18时40分左右，20名一氧化碳中毒人员被抢救出洞口，随即被救护车送往医院抢救。其中，廖康金、汪文华、韩发平、孙国印4人死亡。其余16人经抢救脱险。

民工缺乏安全知识，盲目无序地进行抢救，是这起事故伤亡扩大的主要原因。承包人无安全资质，不具备安全生产条件，对矿工不进行安全知识教育、培训，特种作业人员无证上岗，安全生产制度不健全，也是这起事故发生的重要原因。

对于有些班组生产来说，火灾是最经常发生的灾害。当火灾发生时，班组长一定要镇静，保持清醒的头脑。要根据火势实情选择最佳的自救方案，千万不要慌乱。当人的生命突然面对危难状态时，极易因惊惶失措而失去正常的思维判断能力，当听到或者看到有什么人在前面跑动时，第一反应就是盲目追随其后，如跳窗，跳楼，逃进厕所、浴室、门角。突遇火灾时，班组长首先应当强令自己保持镇静，迅速判断危险地点和安全地点，利用自己平时掌握的消防自救与逃生知识，决定逃生的办法，尽快撤离险地。撤离时要注意，不可搭乘电梯，因为火灾时往往电源会中断，会被困于电梯中，应从安全楼梯进行逃生，最好能沿着墙面，当走到安全门时，即可进入，避免发生走过头的现象；尽量朝明亮处或外面空旷地方跑，若通道已被烟火封阻，则应当背向烟火方向离开，通过阳台、气窗、天台等往室外逃生。凡火灾幸存者大多方寸不乱，不大呼大叫，而是根据火势、房型冷静而又迅速地选择最佳自救方案，争取到了最好的结果。

要尽快显示求救信号。发现火灾时，班组长应立即拨打“119”报警，同时亦可大声呼喊、敲门、唤醒他人知道火灾发生。在打“119”报警时，切勿心慌，一定要详细说明火警发生的地址、处所、建筑物状况等，以便消防车辆能及时前往救灾。若没电话设备，发生火灾时，可以用竹竿撑起鲜明衣物，不断摇晃，红色最好，黄色、白色也可以，或打手电或不断向窗外掷不易伤人的衣服等软物品，或敲击面盆等器具。

防烟堵火是非常关键的，当火势尚未蔓延到房间内时，紧闭门窗、堵塞孔隙，防止烟火窜入。若发现门、墙发热，说明大火逼近，这时千万不要开窗、开门，用物品进行堵封，并不断浇水，同时用折成八层的湿毛巾捂住嘴、鼻，一时找不到湿毛巾可以用其他棉织物替代，其除烟率达60%～100%，可滤去10%～40%一氧化碳。另外，应低首俯身，贴近地面，设法离开火场，以避开处于空气上方的毒烟。

设法脱离险境。切不可因贪恋钱财而贻误脱险时机。留得青山在，不怕没柴烧，不要因为贪财而延误逃生时机。在火场中，人的生命是最重要的。身处险境，应尽快撤离，不要因害羞或顾及自己的贵重物品，而把宝贵的逃生时间浪费。已经逃离险境的人员，切忌重回险地，自投罗网。

做好简易防护，匍匐前进，不要直立迎风而逃。逃生时经过充满烟雾的路线，要防止烟雾中毒，防止窒息。为了防止浓烟呛入，可采用毛巾、口罩用水打湿蒙鼻、匍匐撤离的办法。烟气较空气轻而飘于上部，贴近地面撤离是避免烟气吸入，滤去毒气的最佳方法。

找好避难场所，固守待援，不要向光朝亮处奔。如各种逃生路线被切断，应退回室内，关闭门窗，有条件可向门窗上浇水，以延缓火势蔓延。同时，可向室外扔出小东西，引起别人注意，在夜晚可向外打手电，发出求救信号。切忌向光朝亮，这是在紧急危险情况下，由于人的本能、生理心理所决定，人们总是向着有光、明亮的方向逃生，光和亮就意味着生存的希望，它能为逃生者指明方向道路，避免瞎撞乱撞更易逃生，但这时可能电源已被切断或已造成短路、跳闸等，光和亮之地正是最危险之处。

缓降逃生，滑绳自救，绝对不要冒险跳楼。高层、多层公共建筑内一般都设有高空缓降器或救生绳，人员可以通过这些设施安全地离开危险的楼层。如果设有这些专门设施，而安全通道又已被堵，救援人员不能及时赶到的情况下，绝对不要放弃求生的意愿，此时当力求镇静，利用现场之物品或地形地物，自求多福，设法逃生。你可以利用身边的绳索或床单、窗帘、衣服等自制简易救生绳，一端紧拴在牢固的门窗格或其他重物上，再顺着绳子或布条滑下，或者利用屋外排水管攀爬往下至安全楼层或地面逃生。在火灾中，常会发生逃生无门，被迫跳楼的状况，非到万不得已，万万不可盲目采取冒险行为，因为跳楼非死即重伤，最好能静静待在房间内，设法防止火及烟的侵袭，等待消防人员的救援。

2010年10月26日凌晨，袍江新区马山镇的两间营业房突发大火，滚滚浓烟中，仅有1人从二楼跳窗逃生，却有5个生命戛然停止在那里。

跳窗逃生的男子叫李成品，虽然跳窗之后腿部骨折，但生命却得到了保全。他回忆说，其实当时屋子里的另外4人完全可以逃生，但他们怕跳楼，最终倒在了浓烟里。

李成品描述，当时大家都在熟睡，是店主谢莉莉最先发现楼下着火了，紧接着她叫醒了住在一起的父母和弟弟。李成品在这个时候也醒了，他看到谢莉莉一家非常慌张，母亲抱着儿子不知所措，还有人忙着穿衣服。

李成品虽然也慌张，可心里却非常清楚，店里存放着摩丝等大量的易燃物品，会释放出大量烟雾，如果不逃生，肯定会被烟熏得窒息。楼上到楼下，唯一通道是楼梯，但火是从楼下开始着的，楼梯已被浓烟封锁，肯定不能往楼梯跑，于是，他想到了从窗口跳下去。

他很快穿了一件衬衫和牛仔裤，捂着鼻子贴着地爬到了窗口，这时他发现了谢莉莉一家，“赶快跳楼啊，不然就晚了！”李成品焦急地劝他们，但4人就是不敢。眼看时间来不及了，没办法，李成品打开窗户，从二楼跳下。双脚着地时，他感到一阵剧痛。再回头，依然没看到有人跳下来……

李成品说，当时大家都清醒的，就是因为胆小所以没跳，但这个时候哪还顾得上这些，逃命要紧。

在隔壁店铺二楼，也有1人没有跳窗，最终也倒在了烟雾中。

当发生火灾时，从高层楼房跳下来无疑是相当危险的，但如果身处低层，却可以一试。要知道，在那种情况下，人的身体机能会比较强大，跳下来时，身体比在一般情况下受到的损害小得多。再说，跳下来，就还有机会；如果不跳，就只有坐以待毙，一点生还的机会都没有。

第三章　提升管理理念，掌握管理技巧

班组长要掌握好一些管理技巧，提升自己的管理理念，必须运用好班组文化，将班组成员团结在一起，让组员加强凝聚力，运用激励的方式，给他们一个广阔的创造空间，不要让自己不可替代，这样才能赢得他们的支持。此外，班组长凡事以身作则，时时培训组员，处处尊重员工，这样才能带领团队制胜，也才会得到他们的尊重。

1 良好的班组文化是一块吸铁石

企业文化是指一个企业在长期发展过程中，内部全体员工共同持有的某种道德、规范、理想信念、价值观念、行为准则等，是增强企业员工内聚力、向心力与持久力的意识形态的总和，也是塑造良好企业形象，增强市场竞争力的必要措施和手段。班组文化是企业文化的有机组成部分，是指班组成员共同认定的思维方式和办事风格，是班组成员付诸于实践的共同价值观体系。企业文化渗透着班组文化的血脉，引导、推动、影响着班组文化的建设。班组文化决定着企业文化内容的丰富性和可操作性，是企业文化在班组层面上的体现。

班组文化是班组管理的灵魂，班组文化建设是班组建设的主要内容。优秀而又独特的班组文化是企业制度、企业战略发展的重要构成内容，对于增强班组员工的凝聚力，增强员工的团队精神，培养员工新的企业理念、新的价值观、新的职业道德观，有着十分重要的作用。实践证明：良好的班组文化就像一个吸铁石，以巨大的磁力吸引着组员。班组长只有加强班组文化建设工作，创建良好的、有特色的班组文化，提高班组整体素质和班组自主管理水平，才能充分发挥班组在企业中的应有作用，提高企业竞争力。班组文化的基本表现形式主要包括两个方面：

◆班组理念塑造。主要指用文字描述出班组与班组成员期望达到的一种价值状态、思想诉求和统一指向，班组成员都为此而努力的过程；

◆班组行为建设。主要指班组成员根据班组理念进行班组形象建设和个人行为约束的过程。也就是通过班组集体行为和成员个人行为来表达班组理念，塑造班组形象。当然，也包括从生产与生活的环境方面对班组形象进行建设，从视觉上树立班组整体的自我形象。

每个企业都应有一个明确而崇高的目标。班组长要让组员明了他们的工作是与这一崇高目标联系在一起的，使他们感到自己是在为实现目标而努力，使他们觉得自己的工作有意义并以此为荣，他们“自我实现”的需求也就得到满足。班组长的任务就是把这一有价值的目标传达给组员，激发他们的内在力量。

企业要具备追求卓越的精神，即永不自满、不断攀登高峰的精神。“变化”是一种进步现象，“求新求变”应当成为企业的一项持续性要求或一种文化规范。在企业文化中必须注入“创造性不满足”这一文化特点。班组长的责任之一是使组员不满足于他目前的工作业绩。应在企业内树立模范人物，为组员设定目标、衡量成效和给予奖励以达到“激励”目的，为组员提供反馈并指明其努力方向。班组长本身也要不断学习，时时向自己提出更高的目标。

钻探集团钻井二公司1205钻井队是中国工人阶级的先锋战士铁人王进喜生前带过的队伍，是铁人精神的发源地。在半个世纪的征程中，1205钻井队紧扣发展主旋律，自觉弘扬铁人精神，与天斗、与地搏，形成了“生当作铁人，永铸石油魂”为主导理念的独具特色的铁人文化。1958年他们创出“月上五千，年上双万”的世界纪录；1966年突破年钻井进尺10万米大关，超过美国王牌钻井队和苏联功勋钻井队；1971年创钻井进尺日上千、月上万的全国纪录；1984年夺得原石油工业部劳动竞赛金牌三连冠；2004年钻井总进尺在全国率先突破200万米大关；建队以来累计钻井1700多口，总进尺210多万米，相当于钻透240多座珠穆朗玛峰。

与此同时，班组长还有必要在企业中创造“一体感”，使管理阶层与组员阶层融为一体，让组员参与企业的一切活动，参与制定决策，使他们产生自己既是工人又是班组长的感觉。在所有权方面，企业也应创造“一体感”，使组员形成“我也拥有企业一份财产”的心理状态，从而使其更能替企业出力，充分调动起组员的主人翁精神。

企业文化不是、也不可能是靠行政命令建立起来的，它是在企业长期的历史发展中，有意识地培养起来的一种风气和哲学观念。

我们知道,日本的“松下”精神已经成为松下公司全体成员的共同价值观,这绝非一朝一夕单靠一两句标语、口号就能成功的。每天早晨八点钟,有八九万人(松下有很多国外组员)朗诵“松下”的价值法则,并在一起唱公司歌曲。他们还利用纪念会等各种场合积极宣传松下精神。这种强制性的反复灌输,能在公司内造成舆论,久而久之,就会形成一种无形的“规范”。心理研究证明,人们的外显行为和内心的价值观有一致性的要求。外显行为的一再重复,必然会影响内心的价值观。对于大多数人来说,刚开始的“灌输”可能作用不大,但随着时间的推移,一些行为的不断重复,个人的价值观慢慢地就会被“同化”。

2006年,大庆油田建设集团油建十一中队承建的采油一厂聚中十六转油放水站油泵房阀组间是块难啃的“硬骨头”,要求在质量达到创优水平的前提下提前投产,有效工期不足两个月。“不按时拿下任务,就拿下我”,管工台班长吕建伟在请战时,拿出了一份集体签名的保证书。

台班长吕建伟与台班组的成员每天早上4点就起来干活,一直干到晚9点才收工。虽然时间紧,但他们还是严格按照工序进行施工。有一次,甲方在完工后例行检查,没有发现质量异常,签字验收通过。但吕建伟还是根据规定拿起水平尺、卡尺对阀门的水平度和垂直度进行检测,当测到第28个阀门时,吕建伟发现一条螺栓少拧了一道丝扣,马上要求同志们整改。有的同志说,少拧了一下,不影响质量。可他坚决不同意,并表情严肃地告诉大家,对待每道工序我们都不能忘记严细认真,精品工程就是需要精雕细刻。说完,他拿起扳手拧上了这道丝扣。

可以说,正是这种一丝不苟精益求精的工作作风,才成就了大庆油田的企业文化和班组精神。良好的班组文化是必需的,因为班组文化是班组永续经营的发展动力,是将班组成员团结在一起的磁性良好的吸铁石。而班组成员是班组的中流砥柱,他们是维持班组永续经营、发展的重要角色。因此,作为班组长,其重要任务就是倡行良好的班组文化,加强对班组成员的管理和培养，让组员永远在文化的关照下前行。

2　团队精神就是要"将强强一窝"

现代是一个合作制胜的时代，单打独斗的时代已经一去不返。现在几乎所有的大事小情，都需要合作才能完成。合作就是力量，没有人能够单靠自己成就一切。人们必须结合在一起，将个人的才能、创造力和精力投注到团队中，才能发挥最大的作用。

团队精神是指团队在共同的目标指引下，积极协作，共同努力工作，以期达到目标的一种精神状态，是团队中成员的团队意识与集体态度。

团队精神是高绩效团队中的灵魂，一个班组不能形成团队，就是一盘散沙；一个车间不能形成团队，就没有凝聚力；一个团队没有共同的价值观，就不会有统一的方向和行动。作为团队中的一分子，要努力做最好的自己，并最终在团队中实现自己的人生价值。团队精神是成功团队身上难以琢磨的特质，我们可能很难清楚地描述团队精神，但每一个团队成员都能感受到团队精神的存在和好坏。在一些团队中，工作的人们会觉得心情比较舒畅，干劲也很足，大家的协作性很强，能够创造出一些令人骄傲的业绩；在另外一些团队中，人们觉得勾心斗角的情形较多，心情压抑，团队在内忧外患中生产力直线下降，业绩惨淡。有团队精神的团队，团队成员的个人智商可能是 100，但加在一起的团队智商可能会达到 150 甚至更高；而反过来缺乏团队精神的团队，即使个人智商达到 120，但团队组合到一起的智商只有 60 到 70。出现这种情形的关键要素就是团队中的文化成分，也就是所说的团队精神。因此，班组长要特别注重团队建设，重点塑造团队精神，尽最大努力做到"将强强一窝"，而不是相反。

2005 年 6 月，湖南东江水电厂对一号机组定子铁芯进行清理检查，发现铁芯松动，线棒绝缘破坏，从而成功地避免了一起烧毁发电机的重大事故。有关专家查看现场后表示，发现这种缺陷，是个奇迹！

6月9日，按照检修进度的安排，负责检修的班组长齐忠勇带领班组的几个成员进行1号发电机风洞常规检查。发电机下风道为环形密封状，周长31米，高约50厘米，宽约40厘米，仅能勉强通过一人。在风道里，人只能平躺着身体，蹬着双腿倒进。通常的景象是：蹬一脚，身子向“前”蠕动一下，仰头，对线棒和铁芯进行检查和清扫……

就是在如此恶劣的环境下，齐忠勇发现定子铁芯的最下端与齿压板间有异样痕迹，当即决断查个究竟。他用手指仔细摩擦，反复查看，终于发现铁芯与齿压板油错位迹象，铁芯往齿压板“前进”了2毫米左右。

齐忠勇和班组成员经过反复琢磨，初步认定可能是定子松动引起的，定子贴片极有可能对线棒造成损伤。而绝缘层的总厚度仅为4.2毫米——离线棒母材不到3毫米。如果划破这3毫米，冲片将直接与母材接触，导致发电机定子接地或短路，就会发生发电机烧毁的后果。

经过各级技术人员的检查，确认为定子松动所致。后来的处理结果表明，如果不及时发现和处理，就会造成重大设备事故，导致巨大的经济损失。

齐忠勇无疑是一个非常有才的班组长，他的手下也不含糊，正所谓“强将手下手弱兵”。也正是这种敢于钻研、勇于攻坚的团队精神，让他们成为了一支非常优秀的团队。

在一个团队之中，成员们有着共同的目标，为完成共同目标，成员之间彼此合作，这是构成和维持团队的基本条件；各成员之间在心理上相互依赖，彼此意识到团队内的其他个体；各成员在行为上相互依赖、相互作用、彼此影响，同一团队的成员在行为上具有互补性；各成员具有群体意识，具有归属感，意识到“我们是这一团队中的人”，“我是这一团队中的一员”。在企业中，一个班组就是一个小小的团队，班组团队精神的建设对于班组来说有着重要的含义。团队精神是班组管理工作的重要内容之一。优秀的班组必须是由一群富有热情和力量、努力为共同的目标而奋斗的人组成的团队。散漫的组织、互相冲突对立的个体，是无法体现集体合作精神的，也就无所谓团队精神和战斗力，班组目标的实现更难以完成。因此，富有战斗力的团队精神是与班组管理工作的高效率紧密联系的。班组长要想提高管理的绩效，使管理工作更加实际地符合班组全体员工的共同目标，建立和培养富有团队精神的员工队伍是一条必要途径。

一个好的企业，也是一个优秀的团队。作为这个团队中的每个员工都必须要把团队利益放在第一位，个人利益放在第二位，只有这样，这个团队才有可能成功，而作为这个团队中的一分子——员工才能从中得到更大、更多的好处。假如一个员工意识不到团队的重要性，在他的心中也没有团队第一的意识，即使有千万种规章制度或要求，他可能也不会把自己的工作做得很完美，他可能会产生对某些要求不理解，或认为是多余而觉得厌倦、麻烦。事实上看来，只要每个员工都勤奋，尽职尽责，努力工作，工作同样会赋予每位员工以荣誉。

团队精神是班组成员对团队的态度表现，它体现一个成员对团队的满意感，并有愿为达成团队目标的心理和行为表现。这种心理与行为表现只有当个人的目标与团队目标一致，得到团队内成员的认同方能产生。如果团队内成员对团队目标不认同，甚至反对，便不可能形成高昂的团队战斗力。所以，班组长要经常对其成员进行行之有效的教育，宣传团队或企业的目标，使成员感到自己的满足得益于企业和团队的成就，从而为实现企业和团队目标而努力工作。

在呼呼的北风中，在北极寒冷的极地中，海豚们为了抵御寒冷，密切合作。当领头的海豚抵挡不住的时候，就退到后面去。里面的海豚出站在前头，它们迅速地变换位置，变化领导的角色，齐心协力，抵御寒冷。我们经常看的大雁，也是采用类似的领导模式。大雁组成人字形的飞行团队，当领头的大雁飞累的时候，它就会退下来，另一只就顶到前面的领飞位置，就这样不断变换领导位置。据说，大雁这样飞行的时候，能够比它们单独飞行，要节省15%的能量。

班组内部团结、思想统一、感情融洽、关系和谐、行动协调，每个成员对团队的归属感、责任感、自豪感就会增强，当个人利益与团队的集体利益发生矛盾时，个体就会无条件地服从集体。相反，如果成员心里不相容，相互猜疑嫉妒、尔虞我诈、内讧不止，正常的人际关系不复存在，这样的团队不仅没有战斗力，而且必然解体。

3 每一个员工都需要激励

激励是指激发人的行为的心理过程。有效的激励会点燃员工的激情，促使他们的工作动机更加强烈，让他们产生超越自我和他人的欲望，并将潜在的巨大的内驱力释放出来，为企业的远景目标奉献自己的热情。激励的本质就是以对人性的理解和把握为基础，通过诱导组织成员的需求和动机，来改变人的行为方式，调动人的积极性，从而达到组织的目标。对于我们每个人来说，激励都是必不可少的。在任何一个班组中，每一个员工都需要激励。

激励在人的成长过程中起着非常重要的正面作用。首先，它对人起着方向性的引导作用，它使我们努力向激励者期望的方向发展；其次，适当的激励会增加人的工作动力，使人更迫切地期盼目标的实现和成功；再次，在动力的牵引下，激励能激发人的潜能，使人创造出更大的价值。所以班组长掌握和使用好激励的技巧。

激励运用于企业管理，则是指创造满足企业员工各种需要的条件，激发员工的动机，促使员工产生实现企业目标的特定行为的过程。班组管理中的激励过程同样如此，只不过激励指向的目标应当转换为班组目标。需要注意的是，从企业班组管理的层面看，激励更显示出其组织内部性方面的特征，即着重强调班组成员的个人成果或利益，诸如满足感、满意度、能力、自尊和成就等。在一个班组中，每个员工都需要而且值得去激励。

班组激励的根本目的是达成班组成员的个人需要与班组集体需要的协调统一，在实现班组集体目标的过程中，就是要通过激励的方式，激发班组成员的工作积极性，以促使他们的工作努力方向与班组目标导向相一致。

为保证班组作为一个整体能够有效协调地运转，除了要具备良好的管理架构和严格的规章制度外，还需要班组长运用激励的方式，分别满足班组成员的物质需要和精神需要，以鼓舞士气、协调人际关系，进而增强班组的凝聚力和向心力，促进各成员之间的密切协作。

通常情况下，根据激励所针对需求层次的不同，可以把激励方式分为四类。

◆成就激励，主要包括组织激励、榜样激励、荣誉激励、绩效激励、目标激励和理想激励等；

◆能力激励，主要包括培训激励和工作激励等；

◆环境激励，主要包括政策环境激励、客观环境激励和竞争环境激励等；

◆物质激励，主要包括工资激励、奖金激励和福利激励等。在具体的管理过程中，班组应根据不同的工作性质、特点、对象和目标综合运用以上激励手段和方式。

在任何一个组织的管理过程中，激励或激励因素可以说无处不在。班组中就常有这样的说法："与其责怪员工不努力，不如激励其潜能。"学习和掌握激励的基本原理，就在于能够从人的本性层面上来认识班组成员不同的需要，从而能够有针对性地影响和诱导他们的动机，引导和改变他们的行为，使之符合班组的运行目标和发展目标。要对班组成员正确的行为进行表彰，同时对他的积极心态予以肯定，从人的精神层面给予激励。

在表扬班组成员时，班组长要注意言语措辞，因为每个班组成员虽渴望被表扬，但也怕成为众矢之的。班组长可以这样表扬班组成员："××

×为大家做了一件好事情，我们总结一下，看能不能从这件事中提炼出此类事情的模板来，进而成为我们班组提高工作效率的方法。”

班组长进行绩效管理，需要注意因人而异。老是采用同一种方法，时间长了也会导致人的心理疲劳，方法的效用就会大打折扣。因此，班组长应灵活应用正确的激励方法，使绩效管理长期起作用。

在特定的班组运行环境中，员工的行为有特定的表现。在班组管理过程中，可以依据激励理论塑造和形成特定的班组行为模式，这样既能有效地形成融班组成员需要为一体的组织目标，又能为班组成员的行动提供条件。

目标是激励的基本指向，也是激励的动力。激励本身是一个利用某种手段或方法调动人的积极性的过程，而这种积极性要服务于某种组织或个人目标的实现。因此，明确的目标是激励的前提。

中铝公司的青工小王，勤学善思爱钻研，不仅是航模爱好者，对摩托车、家用电器修理上也颇为内行。自技校毕业分配进厂工作后，他逐渐发现自己所掌握的知识有很大局限性。于是，他把别人娱乐休闲的时间都用在了学习知识、钻研技术上，遇到问题也喜欢追根问底，直到把人家问住为止。班组中一些同事对此并不理解，甚至不时冒出嘲讽的声音：“一个技校生，能折腾出个啥！”刺耳的话语让刚参加工作的小王很受打击，几次想就此放弃。

班长老李却对小王的勤奋劲头赞许有加，感觉到这个初出茅庐的小伙子潜力巨大。面对同事的冷嘲热讽和小王的困惑，老李多次与小王促膝交谈，从思想上激励他，“不要理会别人的看法，自己想准的事就要走到底。你学历层次较低，知识结构有欠缺，要想将工作中的各种困惑弄明白，提高岗位技能，就必须把别人休闲消遣的时间用在学习上”。老李给小王出主意：“我建议你每天要做工作笔记，适时撰写工作总结，以此积累工作经验，为今后的工作和个人发展提供帮助。”

从小王的身上受到某种启发，老李觉得不能让好学之人成为被孤立的少数，而应当在班组中创造良好的学习环境，形成钻研爱学之风。于是，老李购买了数十本专业技术书籍，组织班组员工学习或鼓励员工自学。经过大家同意，班组还以上级给予班组的各种奖励为基础，抽出10%建立班组自学奖励基金，专门用于奖励那些通过自学或参加各种培训班而获得相应学历的员工。

班组逐渐形成的良好学习氛围，对小王持之以恒钻研业务，学习专业知识起到了很大帮助。他决心弄明白本组员作的各个环节，先后跑遍了班组辖区的19个配电室和所有线路，并经常思考“这根管线为什么要从这儿过？它的作用是什么?”等刨根问底的问题。他几乎拆装了班组中所有废弃的继电保护器，在这一过程中琢磨其原理。为弥补理论知识的不足，他先后自学了机械、冶金、电子、计算机等专业知识，除掌握基本理论和原理外，还尝试将原理重新组合，看看能否发现新的东西。后来他考入太原理工大学“机电一体化”大专函授班，一本教科书老师只讲了一两章，他便学完了一本。

实践经验的积累和创造性的理论学习使小王在技能上获得了事半功倍的效果，为解决生产技术难题和进行岗位技术创新奠定了基础。他迅速从一名合格的技术工人转变为了一位小有名气的电气专家，这让班组的其他员工赞叹不已。

员工总是希望通过一定的努力达到预期的目标。如果个人主观认为达到目标的可能性很高，就会充满信心，并由此激发出很强的工作力量。反之，如果员工个人认为目标太高，通过努力也不会有很好的绩效时，就会失去内在动力，导致工作消极，使激励无从产生。但要注意目标的设置应当有一定的挑战性，目标过低，不需努力就可实现，同样缺乏激励作用。因此，个人目标的制定以班组总体目标为前提，员工个人目标以“踮起脚来摘挑子”为原则，应有一定的难度和挑战性。

班组长对员工的关注和重视是目标设置合理和激励方式得当的基本前提。了解和掌握员工的内心需要和行为动机是较为困难的事,但却是使个人目标与组织目标相统一的起点,也是选择激励方式的依据。只有员工的成长和发展需要与组织目标相一致,激励才会产生实效,只有以员工需求分析为基础,才能找到有针对性的激励手段和方法。

激励是围绕个人需要进行的,由于人们在年龄、性别、资历、能力和经济条件等方面都存在着差异,需求也就存在差异,对于不同需求的人,采用不同的激励方式激发的工作动力也就迥然不同。而且人们的需求日益多样化,从而要求激励的方式多样化、多元化。因此,在班组管理中,完全可以根据班组成员多样化的需求层次,综合运用各种类型的激励方式和手段,分别满足他们的物质需要、精神需要、尊重需要等多个方面的要求,提高激励的针对性和有效性。需要注意的是,物质刺激是必要的,但并非是万能的。比如,人们为了提高家庭生活质量,甚至会放弃一些职位升迁的机会,这需要采用新的激励理论来指导管理实践。

4 每个员工都应得到同等的尊重

近些年来,“以人为本”、“人本管理”经常可闻可见,但又有多少智者能者真正理解了其本原与内涵呢?人本管理,在一般的理解中,也就是一种尊重人的管理,在极力推崇利润最大化或股东财富最大化的企业财务目标的今天,似乎被理解成了尽可能地激发员工的工作积极性,开发人力资源和重视运用人力资本。这样看来,它似乎不过是社会组织实现其自身功利目标的一种“现代化”的手段,而组织中的“人”并未摆脱其仅仅作为一种资源或人力资本存在的地位,对人也并未给予认真的和足够的尊重。

人本管理的核心是尊重人,是指以人为出发点和落脚点,以人的全面的自在的发展为本质,创造相应的环境、条件,以个人自我管理为基础,以组织共同愿景为引导的一整套管理理论和模式。尊重人,重视人的作用,满足人的全面自在发展要求是人本管理的核心思想,人与组织共同成长是人本管理的价值取向。事实上,中国历史上一直有高度重视人在管理中作用的管理文化传统,以人为本是中华管理智慧的核心价值观,也是中华管理智慧的基石。

有这样一个故事:一个纽约商人看到一个衣衫褴褛的铅笔推销员,出于怜悯,他塞给那人一元钱,不一会他返回来又取了几支铅笔并抱歉地解释自己忘取笔了。然后又说:“你跟我都是商人,你也有东西要卖。”几个月后,他们再次相遇,那卖笔的人已成为推销商,他充满感激地对纽约商人说:“谢谢您,您给了我自尊,是您告诉了我,我是个商人。”

给需要帮助的人一些力所能及的帮助,很多人都可以做得到,可是能在帮助他人的同时考虑到他的自尊却未见得人人都会想到。在这一点上,那位纽约商人的确令人敬佩,因为他懂得尊重他人,尊重别人不仅可以使自己的心灵受到深深的震撼,更可以使他人拥有自尊和自信。纽约商人几句话让铅笔推销员从乞丐的自卑中解脱出来,自信地踏上经商之路。可见,尊重他人可以让失望的人们看到光明;让自卑的人们找到自信;甚至可以改变一个人的一生。

事实上,无论在工作中还是生活中,每一个人都值得我们尊重。在工作中,更是要相互尊重。要想别人尊重你,你就必须先尊重别人。不要因为自己是班组长,就觉得比组员高一等。班组长要想获得班组成员的尊重,首先要尊重班组成员。受到尊重的员工会更加努力去工作,回报班组长的知遇之恩;如果对员工心存轻视,视员工为工作的机器,结果就会走向反面。班组长可以让员工在成就感中体会到自身的价值,也可以让员工多分担一些班组内的管理工作,比如考勤管理、工具管理工作。班前班后会也可以让组员轮流主持,大家畅所欲言,形成一个互相尊重的良好氛围。

从现代企业管理领域看,既然企业中的员工可以假定为是追求自我实现需求的人,那么现代企业在对员工的管理方面就必须以这样的假定为出发点或依据，在尊重员工的理念下，设计新的组织体系，创设新的组织机制，提供良好的、以人为本的工作、学习和生活环境，鼓励、激发员工在企业工作中获得成就，发挥自己的潜力，实现自己的价值。实际上，当人们在做他们自己十分感兴趣的事情时，那种投入和效率才是真正一流的。当然，企业毕竟是一个讲求投入产出效益关系的经营性组织，在企业统一了大多数人利益的既定目标下，员工作为个体的自我实现并不意味着是随心所欲、漫无边际、海阔天空的自由行动，而是受到相应的制度约束和组织约束。

汪靖同是个独生子，父母常年在外做生意，奶奶把他从小带大。由于家境殷实，奶奶宠爱，他落下了娇生惯养的坏毛病。高中毕业没有考上理想的大学，父母花钱让他进了一家比较有名的民办职业技术学院。三年学成毕业后，以面试第二名的成绩，进厂当了一名铸工。仗着脑瓜子好使，他很快便掌握了一些生产技术，由此颇为自满。在造型一班十几个人当中，除了比他技术好的班长周文明以外，他瞧不起任何人；工作中蔑视管理，挑肥拣瘦，有理无理都不让人。有人生气地说他是"茅坑里的石头，又臭又硬"，因此班组成员在背后都称呼他"臭石头"。由于与大伙关系不够融洽，平时大家都不太愿意和他一起搭档干活。

一次，汪靖同因为替朋友抱打不平，被拘留了 6 个月。这次出事前，车间里正在搞优化组合。从拘留所出来后，汪靖同自然成了没有人要的"货"。班长周文明看到无人与他组合，只好将他收下。然而汪靖同则认为，这次自己栽了一大跟头，横竖是让人看不起了。因此抱着过一天混一天的思想，干活无精打采，得过且过，整天耷拉个脑袋，像霜打了的茄子。

三月份，工厂与外商谈了一笔出口生意，要求铸造车间在年底前必须完成 2500 件 477A 摇枕的铸造任务。造型一班是第一道工序，型造不出来，后面工序有劲也使不上。为了调动大家的积极性，车间决定对他们采用计件加超产奖励的办法，超额越多,奖励越多;同时规定,每月按计划完成任务的,车间还另外给班组奖励;对表现特别突出者,年终评先时,经班组推荐,由车间直接授予"优秀员工"称号。

周文明从车间领回任务,立刻与大伙商量,决定由原来的二班倒改为三班倒,重新组合为三个相应的小组,人员按老中青进行搭配,正、副班长和党小组长分头领班。考虑到造型用的唯一一台抛砂机是关键设备,要求每一个小组的人员在开工前,都要进行设备状态交接,特别是对瓦斗这样的关键零件,一旦发现有损坏的征兆,就要及时通知维修班来更换,不能为了抢任务而超负荷工作;否则,影响了下一班的生产,由上一个小组承担责任。

周文明知道大家都不愿意与汪靖同搭档,就主动要汪靖同跟着自己。对此,汪靖同嘴上不说,心里对周文明还是很感激,工作比过去主动多了,有时候还向周文明提出一些合理的操作建议。比如汪靖同发现,只要操作时把抛砂机的速度控制好,原来一个班次要换两次的瓦斗,可以只换一次,有时候甚至可以不换,这样既节省了时间,又减少了瓦斗的消耗。周文明采纳了他的建议,经过几次试验果然有效。紧接着在其他两个小组推广。第一个月,造型一班的产量就创了新高,受到车间的奖励。

此后,汪靖同好像变了一个人,工作更积极了,与大家的关系也日益融洽,自己也做很多有益于集体的工作。年终总结评比,周文明这个小组推荐汪靖同为车间的优秀员工。

很明显,汪靖同一度是个落后型的员工,在他遇到挫折时,哪怕他是蹲过监狱的人,班长周文明并没有将其遗弃,没有对他产生丝毫的不尊重的心理。他先让他直接跟随自己,接着认真分析他的个性特征,发现其肯动脑筋的闪光点,然后有针对性地加以诱导性措施进行激励。如采纳并推广汪靖同减少更换瓦斗的建议、购书籍鼓励学习电脑知识、让他带班等,通过耐心的帮助和教育促使其改变。显然,如果以强制性的措施要求汪靖同改正其错误也是一种可行的激励方式,但其效果必然会大打折扣。

要想尊重每一个员工,作为管理者的班组长,首先应该放下架子,真诚为人。这个世界原本人人平等,班组长和普通员工一样也是平凡人。让员工觉得你是他们的朋友,他们并肩奋斗的同路者。班组长的任务不是指挥、命令下属必须做什么,不能做什么,而是如何调动员工的积极性,让员工自愿地愉快地工作。这一点被不停地强调,被浓化,然而做到并不容易。

尊重员工,就要求班组长自身的综合素质必须加强。作为班组长,应该是各方面能力素质全面发展的综合型人才既要懂技术,又要懂心理学、行为学等基本理论方法。成功的班组长往往能悉心观察员工的细微处表现,能体察员工的生活甚至可能包括感情、家庭生活等方面。关爱每一个员工,让员工们觉得这个工作环境就是一个温暖的大家庭,往往能取得意想不到的良好效果。

尊重个人在组织管理至关重要,在这方面,成功典型有摩托罗拉、惠普等企业,尊重个人是这些企业的企业文化的重要特点。为了尊重个人,一方面要不断致力于改善员工的工作环境(包括物质环境和心理环境),另一方面,要竭力促进员工的发展,公司或企业的高层管理人员应充分重视与员工的对话,实施“尊重员工权力计划”不断切实提高员工的就业能力,帮助员工成为他们所能成为的最优者。关怀和尊重每个人和他们每个人的成就,尊重个人的尊严和价值,是人本管理的实质和精髓所在。另外,人都会有做主人翁的欲望,谁也不愿意自己被操纵,而且从一定程度上说,担负一定的社会责任,对组织作出一定的贡献,会让个体有得到社会认可的心理满足感,因此,让组织员工共同参与管理,实不失为良策。人是管理的主体。尊重员工就要让员工有参与企业管理的意识,而不仅仅认为自己是被动的管理对象,即全员参与,充分动员集体的智慧,营造利益共同体的格局,实现企业目标。

5 只有知识才是最重要的

知识是社会发展的需要。对我们来说,要想跟上时代步伐的因素,不被时代所淘汰,就必须掌握一定的知识。古往今来,人们对文化知识尤其重视,因为它可以给人指明正确的道路,给人带来幸福。“知识就是力量”这句千古名言,一直被人们传诵着,使人们清晰认识到知识是多么重要!现代社会是一个知识经济时代,知识管理简单地说就是以知识为核心的管理。具体来讲,就是通过确认和利用已有的和获取的知识资产,对各种知识进行的连续的管理过程,以满足现有和未来的开拓新市场机会的需要。知识就是生产力,知识能够直接转化为效益和财富。可以说,知识,只有知识,才是最最重要的。

作为一种管理理念,班组长的知识管理需要通过具体的活动来落实,理想的目标也应该是和具体的活动想结合的。就像一个人说自己经常参加体育活动,他可能是经常去健身房,也可能是经常跑步或者游泳打球等等。不管他干什么,他的体育活动一定是通过某项特定的活动体现出来的。他参加体育活动是为了身体健康,但是健康却不是一个好的目标,用身体健康来指导自己锻炼的人多数情况下可能会流于形式,真正的目标必须和具体的活动结合,比如每天坚持健身 30 分钟,跑步 5000 米等。知识管理也是这样,讨论研究的时候可以说知识管理如何如何,到了真正要实施的时候,就不能只是谈谈文化、理念什么的了,必须落实到具体确定的活动上。

知识管理的出发点和关键所在是把知识视为最重要的资源,最大限度地掌握和利用知识,提高企业竞争力。知识管理思想作为一种全新的管理思想,它继承了人本管理思想的精髓,又结合知识经济这一新的经济形态的特点予以创新。知识管理重视对员工的精神鼓励,重视知识的共享和创新,也更重视知识和人才。

对于企业来说，知识管理一般涉及到以下几个相关的方面：

◆过程方面。即如何利用信息网络技术实现企业经营过程和创新。

◆组织结构和文化。包括能促进知识传播的组织和活动，使企业成为创造知识的企业。

◆评价方面。通过对知识的检测、评估，利用和管理好知识。

◆人的方面。培训现有员工，聘用有创造性的新员工，激励员工的创造性和工作热情。

◆技术方面。通过先进的技术手段，促使知识的获取、使用和扩散。

知识管理作为一种管理理念，是需要长期坚持并且努力形成文化的活动。从这个意义上来说，知识管理不是项目，因此也就不能按照项目管理的组织和运作方式来进行管理。但这并不是说项目管理的思想和方法不能运用在知识管理中，随着项目管理的意义被更多的人所认可，项目管理中的一些思想也已经慢慢演变为普遍适用的管理理念，这些思想也同样适用于知识管理。

知识管理的目标，可以有很多，比如在合适的时间把合适的知识传递给合适的人，提高组织的竞争力，促进组织创新，保护组织的知识资产，避免知识随着人才的流失而流失，获取更多的商业利益等等。当你的组织确定要实施工作计划的时候，可能是为了获得这些好处的全部或者某一部分，但是它们却不能作为指导具体知识管理实践活动的目标。创新是进步的动力。知识经济时代的创新与工业经济时代的创新的最大区别，就是创新的核心已经由技术、组织、制度等扩展到了知识。因此，班组知识管理必须把知识创新作为一项重要的内容。

作为一名普普通通的工程技术人员，张工自大学毕业后就进入中鼎公司新材料研究与开发的一线岗位，一干就是十多年。所从事的工作丝毫不起眼，收入也不太高，事业上似乎看不出有什么前景，这让张工渐渐产生了困惑，工作激情也逐渐消失殆尽。而此时，恰逢公司招聘总经理秘书，张工认为这或许是改变自己现状的一个难得机会，所以抱着试试看的想法报了名。

然而，张工报名竞聘总经理秘书一事却在公司领导层中引起了不小的震动，因为公司大多数领导都清楚，张工是毕业于国内著名高校的博士，性格文静、少言寡语，但思维缜密、逻辑严谨，参加工作以来，一心扑在新材料研发工作上，是公司新材料研发的技术骨干，在新材料研究领域多次为公司解决技术难题，为公司扩展业务、开拓市场做出过重大贡献，是企业里难得的科技人才。张工不仅在科研工作上精益求精，在为人处事的很多细节上也体现出严谨的作风，大到写一本研究总结、小到填一份履历表，样样一丝不苟，哪怕错一个字都要重新来过，十遍乃至二十遍，直到决无差错。就是这样一位企业科研方面的专家，现在却要去竞聘总经理秘书，的确出乎人们的意外。

通过进一步了解，公司领导才知道张工这些年的工作和生活其实并不如意，一直处于某种被边缘化的状态之中。领导们开始认真思考，深深感到企业的人才观念和用人机制似乎过于僵化，像张工这样的员工高级知识分子，企业实际上并没有为其自我发展创造一个真正意义上的环境和空间。为此，公司领导决定，无论如何也要设法将张工这种技术型的人才留在本职岗位上发挥作用，而不能让他就这么离开企业科研一线去“从政”，因为“从政”并非他的特长或优势。

由于出差错过了面试，张工落选了，不过，他对竞聘落选一事并没有耿耿于怀，抱着“错过了就算了”的心态继续从事着新材料的研发工作。而在此时，公司对张工委以重任，将一项国家级的科研攻关课题交由张工主持，并任命他为课题组长。生性平和的张工全身心地投入到这项课题研究中，一干就是四年。作为课题组长，张工充分发挥了自己的聪明才智，用自己严谨的工作作风，带领课题组成员夜以继日地试验、分析、计算，攻克了一个又一个难关，最终研制出新材料，圆满完成了研究任务，填补了我国的国防安全建设中的一项空白。2002 年 5 月 22 日，时任党中央总书记、国家主席的江泽民同志到公司视察，当看到张工所领导的课题组研制的新材料产品时，曾竖起大拇指由衷地称赞："这就是国防军工的实力啊！"

沉静寡言的张工在一线科研岗位上一步一个脚印地向前迈进，取得了巨大的成绩，做出了突出的贡献。这使公司领导更加坚信，必须爱护好这个人才、树立好这个典型，并以此作为契机，将公司广大科技员工的积极性充分调动起来。接下来的几年，张工连续四年被评为公司劳模，先后荣获中铝十大科技标兵、全国五一劳动奖章、全国劳动模范等多项荣誉，也先后获得企业及政府各部门颁发的两万元到二十万元不等的奖励。

透过张工程师的事例，公司领导对企业发现、培养和运用人才的机制进行了深刻的反思，并及时调整了人才开发战略，重视知识管理，大幅度提高科技员工的待遇，一些科技岗位的薪酬待遇甚至高于同级行政职务。公司良好的知识管理环境，极大地激励和调动了组员的工作积极性，营造了全员学习知识、钻研技术、提高技能的良好氛围。

6 "喊破嗓子不如做出样子"

作为一名班组长，可能你的专业知识水平不如张三，外语口语水平不如李四，但张三和李四都对你俯首帖耳，听令于你。这是为什么呢？因为作为班组长的良好形象已经深入民心、深得民心。这就要求，作为班组长，做事首先要学会做人，管人首先要管好自己。

正人先正己，管理别人之前先管好自己，正如著名管理学家帕瑞克所说的："除非你能管理自我，否则你不能管理任何人或任何东西。"又有一句成语叫："上梁不正下梁歪。"一个不能自我管理的人很难成为一个成功的领导，也很难被企业引以重用。在一个企业里领导的言行举止都看在众人的眼里，要成为一个好的班组长，首先要管好自己，就要以身作则，事事为先，严格要求自己，做到“己所不欲，勿施于人”。要切实做到俗话说的，“喊破嗓子不如做出样子。”班组长要养成良好的工作习惯和道德修养，为下属树立一个良好的榜样，一旦树立起在下属中的威望，下属才会真心的拥护你，才会上下同心，才会大大提高团队的整体战斗力。

不惑之年的张前军，在中铁二十二局只要提起他，无不竖起大拇指称赞他是文武双全，职工称赞他是工人队伍的领头雁。

自2008年3月1日接手亚洲最大的广州新客站工程建设，项目部在他的领导下一路领先，创下了新客站诸多施工单位中五个第一：第一个完成钻孔桩，第一个完成承台施工，第一个完成桥墩灌筑，第一个完成第一片梁，第一个完成第一条线路铺轨。项目部连续两年在二十二局五个单位评比中名列前茅。他带领的项目部连续两年被局授予标兵工人先锋号荣誉称号，他个人也连续两年被局、集团公司评为先进工作生产者标兵和优秀先锋号组织者。

“喊破嗓子不如做出样子。”这是张前军常说的一句话，在施工生产大会战中他也是这样做的。

自开工之日起，每天除了开班会和各种会议外张前军几乎每天盯在施工现场，在钻孔桩施工中为了加快钻孔进度，保证钻孔质量，他亲自在钻机旁查看钻孔进度，记录每天每台钻机的钻孔深度，亲自掌握第一手资料。每天晚间回来总是带着一身泥巴的他又组织召开每天的工程例会、交班会，对每天工作安排布置提要求，下达任务。

在墩柱和梁体同时浇筑混凝泥土时由于职工三班昼夜会战，劳力不足，张前军带领后勤和管理人员组织一个突击班组，直接投入到会战岗位中，每天晚上他都工作到深夜，特殊情况时对当天工作的总结，施工方案的组织，设计图纸，方案的熟悉都要利用晚上的时间完成，有时忙到天亮。

对于管理者来说，管理的第一秘诀绝不是如何去管理别人，而是管理好自己，只有管理好了自己，得到了人心，得到了下属的敬佩，那以后的其他任何管理技术方面的工作就将事半功倍。

作为基层班组长的班组长，做出样子首先要做到注重风度仪表，最起码做到相貌堂堂、温文尔雅。风度仪表是一个人气质、性格、文化素质、审美观念的外部表现，是美好心灵的表露。班组长优雅的风度、脱俗的气质、整体的衣着、端正的外表、和谐的动作表情、开朗的性格以及宽容的态度，有助于陶冶组员的思想情操，便于组员间友好合作，顺利地完成工作任务。班组长的衣着、表情、举止、姿态等等不仅直接影响组员的情绪，还会对组员行为产生潜移默化的影响。班组长的形象优美，培养出来的组员也会温文尔雅、彬彬有礼。

要做好样子，班组长还必须不断提高自己的讲话水平。班组长在一些会议上讲话，如果只见稿不见人，照本宣科，就会像在自己与听众间筑起一堵墙，隔断了感情的交流，会极大影响讲话的效果。特别是与文化层次较低的组员交谈，要注意从他们身边事谈起，力求通俗易懂、深入浅出，使人家听懂、听清、听进去。而与知识较丰富的组员座谈、研讨、讲话时，就要有一定的理论高度和深度，才能与对方形成在同层次上的交流。同时业务协商、谈判、内事、外事用语有很大差异，如果把外事往来中十分得体的言谈照搬到与同行兄弟单位的交往和业务洽谈中，会使人产生玩弄“外交辞令”而远之的负面效应。和组员谈心更要注意对象的年龄、身份、职业、性格及处境，讲究谈话的措辞和方式，达到“一把钥匙开一把锁”的目的。人们常用“看人下菜碟，见什么人说什么话”来讽刺那种见风使舵、虚情假意、玩弄辞藻的人，而殊不知讲究说话的针对性，是为了更好地与人交流，这与实用主义的处世哲学是截然不同的两码事。

在铁路客运工作中，列车长既是生产一线的指挥者，也是列车乘务班组的班组长和各项工作的组织者。在一些人的眼里，列车长是一个神气而令人羡慕的角色。包头客运段 K263/4 车队列车长韩丽梅担任了 13 年列车长，然而作为一项性质比较特殊的工作，作为列车长，她的喜怒哀乐却很少为人所了解，在管理当中也遇到过不少令她挠头的事。

她所在的班组由招工、部队复转、学校毕业生等多种成分组成，管理难度很大。现在的年轻人思想活跃、情绪波动大，需要审时度势区别对待。在工作中，她对组员管理非常严格，发现任何违反纪律的现象她都不留情面地给予及时纠正，事后，还要不厌其烦地做思想工作，直到他们真正认识到错误的危害性，保证下次不再犯为止。也就在这时，韩丽梅才能暗自松口气。

作为班组班组长，“喊破嗓子，不如做出样子”，这是韩丽梅多年来恪守的工作信条。青工韩振敏参加工作没过多久，就感到现实与理想差距太大了。她觉得列车乘务工作无非是扫地倒水，迎送旅客，实在是枯燥无味。于是上班情绪低落，工作也变得消极起来。韩丽梅了解这一情况后，主动找她谈心，与她探讨一些服务工作的技巧，并对她进行车队的队荣、队史教育，使她充分认识到K263/4次女子车队是连续多年保持“红旗列车”称号的光荣集体，树立起为集体增光添彩的信心。在韩丽梅的教育引导下，她转变了自己的观念，利用休班时间自学业务知识，苦练基本功，很快成为了班组的业务尖子，多次在段组织的基本功大赛中夺冠。特别是“创争”活动开展以来，她适应服务工作的需要拓展自己的知识面，创新服务技能，多次受到了自治区、铁路局的表彰，并在自治区“创争”现场会上作了经验介绍。通过自己的不懈努力，如今，韩振敏已成为一名合格的列车长。

正是因为韩丽梅做出了样子，做好了样子，韩振敏才在其示范带动下，扎实学习，苦练实干，的工作才做得那么出色。

需要注意的是，班组长要通过平常的一些小事，在组员中树立良好的个人形象。这在班组的管理过程中是非常必要的，而且也是很见效的。如上下班准时，工作认真严谨，待人和善，有困难时挺身而出，工作时要以身作则等。再如，坚守表里一致的言行、给组员可信度也是树立形象的关键。如今的组员可以被影响，但不容易被指挥。这是许多班组长已经意识到的问题。

7 赢得支持是做好工作的不二法门

班组工作纷繁杂乱，要管理许多大大小小的事，要与手下成员处理的关系，指导带领他们进行好生产作业。作为班组长，必须注意自己的处事和对待员工的方式，赢得员工们从心底里发出的支持。这样，才可能把工作做好。在班组的实际工作中，对问题不冷静的处理方式会损伤组员的自尊，伤害他们的情感。请记住，平和宽容地待人，给足组员面子，为他们创造良好自尊形象，他们会在工作中更用心地支持你的工作，也是班组长做好工作的不二法门。

在实际生产过程中，我们经常发现这样一种现象：有的班组长也许操作技能水平并不是班组中最突出的，却把班组管理得井井有条，班组职工都愿意跟着他干。在生产上，同样的问题可能其他班组要费很多时间和精力才能解决，他却能在最短的时间内把问题解决好，似乎所有的人都愿意帮他的忙，大家伙儿都羡慕这个班组长有个“好人缘”。

他们的好人缘是怎么来的呢？其中不可忽视的一个原因是他们的宽容大度为他们赢得了威信。“海纳百川，有容乃大”，班组长要胸怀大度，不要对任何人抱有偏见，任何人都有优缺点，要创造条件让每个人的优点都得到充分的发挥、缺点处于休眠状态。

江向海在一个电子公司做销售总监，平时，他手下的几个员工在业余时间喜欢做一些调研方面的事情。其中有个戴某，人很聪明，做事也认真，精细。但却不太喜欢沟通，比较“独”，对别人的错误喜欢批评，而且还好说一些讽刺挖苦的损话，即使面对领导他也是如此，常常弄得别人很尴尬。尽管戴某的意见有时候是比较中肯的，可被他挖苦的人没有一个感到舒服的。有一次，当江向海给他布置了一个调研任务时，他竟然当面顶撞，说他目前手头正有好多客户要联系，没时间做什么狗屁调研，这活让那些没能耐的人去做好了。而他自己却一点也不觉得，自己还美其名曰："我这个人吧，就是胆子比较'肥'，还就不怕得罪人。"

因为江向海是在这中间负责协调的人，是一个颇有涵养的领导，自然不会为这点小事同戴某生气，不过他也不希望闹得大家不愉快，既不想打击戴某提意见的积极性，又希望他今后说话能语气友善些。人非圣贤，孰能无过？于是江向海给戴某写了一封邮件，里面有这样的话："你的胆子是有些'肥'，但还远远不够'肥'，谢谢你的肥胆，我们的工作离不开你的肥胆。但养生学告诉我们：胆要肥，心要宽，胃要壮，手要勤，这样才会身体好，你说对吗？"

戴某看后欣然接受，打来电话说，已将此段文字拷贝了，作为座右铭。这之后，他们的合作较之以前，愉快得多了。

班组长面对下属的微小过失，应当有所容忍，这样做既保全了他的体面和企业的利益，也能获得知心朋友和支持者。

要想使组员心悦诚服地听从你的命令，支持你的工作，你必须诚实并且值得组员尊敬。你的诚实首先表现在你要勇于承认自己的错误，承认错误不但不会降低你在组员心目中的威信，反而会增强组员对你的信赖。另外，对待组员应该实事求是，如果组员发现自己受到了欺骗，则很难再恢复到原有的信任。最重要的一点就是，你要时时记住给他们面子，这样你以后的工作就会好做的多。

史建新由于自我意识太强，不太遵守劳动纪律，有点吊儿郎当，还不服管，换了好几个岗位都不能融入小集体，受到部分员工的排斥，民主测评和绩效考核多次列于"末位"，使他产生了"破罐子破摔"的想法。前不久在领导多次做好说服工作的基础上，他被安排到了中电集团公司中国风电下属企业某班组参加设备维修工作。

开始几天，他还比较中规中矩，干活也比较卖力，和大伙们逐渐热络起来。但过了不几天，他的老毛病又犯了。这天下午刚上班，史建新略有醉意地来到了岗位，将管理制度忘得精光。

马师傅问他："你中午是不是喝酒了?"史建新瞪着眼说："你管不着，又不花你的钱，关你什么事?"

黄师傅赶紧帮腔："你还有理了?"

这时，班长侯生智正好从外面进来了，大家顿时将目光转向了班长，班长也立即嗅到了刚才的气氛。此时只见史建新讨好地给侯班长递过来一根烟，就在大家以为侯班长肯定要大发雷霆时，没有想到侯班长却和颜悦色地对史建新说："我也正想抽烟呢，等一会儿忙完了，我陪你到安全的地方抽烟。"没有出现预想中的急风骤雨的批评。此时只见侯班长拉着史建新的胳膊"借一步"说道："你的脸'白里透红，与众不同'，我不希望再在工作的时候看到你满脸通红的样子。"闻听此言，史建新的脸腾地变得更红了。

事后他对他的同伴们说："侯班长真够哥们义气，真给我面子，后来真陪我出去抽烟。本来以为他要发火，没有想和风细雨的话反而一下子让我服输了，我与大伙吵架憋着的一股无名火给他就此浇灭了，真比大嗓门批评一百倍还管用啊。班长给我脸，我总不能不要脸吧。""不是吗，班长管理上很有一套，技术顶呱呱，大伙的技术也提高很快，摊上这样的班长是我们大伙的福分，我们，还就听他的了。"他的同伴由衷地说。

打铁还得自身硬。班组长必须自己有两把刷子，才能在组员面前树立威信，组员也才会乐于听命于你。其实，个中要诀，不外乎就是在紧要场合给他人面子。

要经常带着微笑夸奖或者表扬组员，这是班组长赢得支持的重要环节。这里说的夸奖或表扬并不是将无原则的廉价表扬随便送人。有目的有针对性地夸奖某个组员，可以有效激励其他组员，让大家感到在你这样的班组长手下工作有信心。也许你不记得曾经无意间对哪个组员许过什么诺言,或者你认为那个诺言根本不重要。但你要记住你的组员会记住你答应他们的每一件事。身为领导的你,任何看似细小的行为随时都会对班组的其他人产生影响。如果你必须改变计划,你要向组员解释清楚这种变化。如果你没有或者不明确地表达变化的原因,他们会认为你言而无信,这种情况经常发生的话,组员就会失去对你的信任,导致失去忠诚。

赢得组员的支持是班组长搞好班组管理工作的前提。对待组员所犯的小错误要睁一只眼,闭一只眼。有位组员刚升任为班组长,一位出差回来的销售人员来向他汇报工作,在汇报的过程中,这位销售人员口口声声称对方为老弟。当他下班回家后,方才想起自己因平时习惯发生了疏忽,不觉内心一紧,赶紧打电话向班组长道歉,但班组长却不介意地说:"那芝麻大的小事,你没必要放在心上,何况咱们本来就是哥们嘛。"这位班组长所采取的态度是高明的。如果他采取冷淡傲慢的态度的话,那位销售员就会认为他的这位"头"是个心胸狭窄,斤斤计较,鸡蛋里面挑骨头,不值得与其合作共事的人。

对于一些无关紧要、无伤大雅的过失,应尽量不予计较,尤其是提升不久的班组长更应该处理好与组员的关系。

要想赢得组员们的支持,班组长要尽量满足组员的需要。在现实生活和工作中,常常会出现这样的情况,某人支持 A,却不支持 B。为什么那样去做,而不这样去做,这是因人因事因环境而异的。班组长要赢得组员的支持、合作和帮助,就应该根据不同的人、不同的情况,采取灵活的策略和技巧。鲁莽蛮干和僵化教条都是不对的。要善于从对方的立场看问题,了解他人的需要。作为班组长要经常站在组员的立场想一想:"如果我是他的话……"你做到了这一点,也就等于掌握了一个如何支配组员而帮助自己成功的诀窍。另外一点也很重要,班组长要能够记住组员的名字,并将他们的名字经常挂嘴边。千万别小看这个方法造成的效应。特别是在一些大班组中,班组长记住组员的姓名对组员来说是一种心理满足和精神激励，他会认为他在你心中占有一定的位置，从而心生感激，在工作中就会大力支持你。

班组长还要满足不同层次的人的不同需求。现代管理讲究“以人为本”，在很大程度上是为了满足人的更高一级需要。人的需要可分三个层次：低级需要（生活与安全）、高级需要（爱和尊重）和升华需要（自我实现、理想和潜能发挥）等。低级需要又称物质需要，高级需要、升华需要又统称精神需要。因人所处的生活、工作环境条件的不同，所需求的层次也不同。作为班组长要想赢得组员的支持、合作与帮助，必须结合自身条件满足不同层次的人的需要；另外，要想马儿跑得快，还得把“鞭儿”甩。这“鞭儿”指的是一种有效的鞭策，是人人需要的东西，它符合人的高级需要和升华需要，因而也能更好地调动组员的积极性，有助于自己的成功。

8 奖励是办法，但惩罚不是目的

奖励和惩罚是班组长工作中常用的方法，也是做班组长的必须掌握和运用好的最基本的管理艺术。组员有了成绩，班组长就应及时加以肯定和奖励，促其再接再厉不断进步；组员有了缺点和错误，班组长也应及时指出并加以批评和惩戒，促其醒悟，以免在错误的道路上越走越远，甚至出现更大偏差而影响工作。但是，班组长一定要把握好奖励和惩罚的尺度，要知道奖励固然是一种促进工作的好办法，但也绝不能用得太勤太多；而惩罚就绝不是做好工作的目的，更不能用得太严太重。奖励和惩罚会直接影响激励效果。奖励过多容易使员工产生骄傲和满足的情绪；奖励过轻又会让员工产生不被重视的感觉，起不到激励的效果。惩罚过重会让员工感到不公，甚至失去对企业的认同，产生怠工或破坏的情绪；惩罚过轻会让员工轻视错误的严重性，难保不再犯此错误。

每个组员都希望得到班组长的重视，都希望得到奖励。有些班组长认为：组员们已经得到了应得的报酬，没有必要去做这些额外的事情。如果你这样对待组员，你的组员也会这样对待你：单位为我支付了工资，我为单位付出了劳动，所以我没有必要关心班组的前途。如果班组长和组员形成这样的局面，就很难有愉快合作的工作气氛了。

根据工作计划，在很短的时间内，鞍山钢铁集团下属一班组老杨与班组其他同志一道设计出一份班组年度工作目标，把车间下达给维修班的年度生产指标、材料消耗指标、维修质量标准以及设备安装调试进度等任务，全都分解、细化为期望通过班组工作来实现的具体成果，并且张榜公布在班组管理园地上。班组工作目标一公布，立马在班组成员中引起反响，有激动好奇的，有窃窃私语的，有沉默寡言的，但更多的是怀着一种观望和期待的心情，琢磨班长会如何把班组绩效指标分解落实到每个组员身上。经验老到的杨班长不动声色，采用的是他的老套路：自报公议。然后，又向大家宣布了经班委会讨论拟定，并报车间批准的完成指标任务后的奖励细则。主要内容包括奖金分配、疗养休假、优先安排出差等，还有一个奖励内容颇为新奇：车间安排。

杨班长把班组工作目标层层分解到班组成员的这一招确实收到了明显的效果：设备出现故障后的 10 分钟内，维修人员必定会出现在现场予以处理；以往设备保养不到位的现象已绝迹，倒是下班后，维护人员仍在给设备做定期保养的情况比比皆是。尤其过去总是让杨班长最为烦心的维修配件、材料消耗指标完不成等问题，似乎突然间迎刃而解，指标始终能控制在设定的范围内。老杨初步悟出了正确的激励出高水平绩效的真谛。

半年后，这一阶段班组个人绩效考核结果出来了，老杨根据个人绩效排序，按照绩效奖励细则一一兑现了奖励项目。每个班组成员都切身感受到一旦个人的需要和目标与班组的需要和目标协调一致，所带来的工作效率有如此之大，由此似乎明白了什么。而最为让大家关注的是获得绩效考评第一的青工小岑，他所得到的由车间安排的奖励是被公司派往德国参与订购设备的验收。这项奖励之重，大大出乎所有班组成员的意料，众人纷纷向小岑投来羡慕的目光。

班组长要奖励组员工作的热情，满足个人内在的需要。在长期工作中专家们总结出以下奖励的要点：

◆公开奖励标准。要使组员了解奖励标准和其他能够获得奖励的条件。

◆以公开的方式给予表扬、奖励。表扬和奖励如果不公开，不但失去其本身的效果，而且会引起许多流言蜚语。

◆奖励的态度要诚恳。不要做得太过火，也不要巧言令色。

◆奖励的时效很重要。奖励刚刚发生的事情，而不是已经被遗忘的事情，否则会大大减弱奖励的影响力。

在目标管理中实施奖励，要注意抓好三个环节：在制定目标阶段就要明确实施奖励的具体规定。对目标达到什么程度，怎样奖励，都要形成文字材料，使所有组员心里有数；在目标实施阶段要及时检查并注意积累评价资料，以保证评价时有充分的依据；目标考评完成后奖励应立即兑现。说话算数，即便是发现初期的奖励规定不尽合理，也要按期初的奖励执行，当然奖励建议要得到上级的批准。

奖励就是有钱要花到刀刃上。奖有根，罚有据。奖励不能太随意，而这种现象在家族式单位里特别容易出现。班组长一高兴，就发布奖励决定，有的是针对某项制度，有的是针对某个人的，结果奖励反而出现了副作用，原因就出在预防的制度上，奖的没有道理，反弹是必然的。奖就要发布出来，通过某种形式告之天下，这样才能起到榜样的激励作用。

2009年年终，某设计院锦缎组曾发生了一件值得深思的事。年终发放设计创意奖金的时候，由于班长何女士采取凭印象分配的方法，使得奖金的分发在组内引起较大波动，严重影响了组员情绪。为了解决这个矛盾，何女士果断地在组内举行了图案设计大赛，并给予重奖。为此他们聘请了设计院里的几个老专家做评委，经过三天的激烈角逐，最后以立意深刻、主题新颖、图案清新为一体的标准，评出了本次大赛的前三名，让人吃惊的是这次大赛的前三名设计人员，竟然就是那三位高额奖金的获得者，当然使其他几位设计人员心服口服。

有些企业规章制度非常完善，管理水平却始终得不到提高，原因就在于完善的制度完全成了一种摆设，造成企业中有法不依、有规章制度不循的现象。有些班组长不愿意使用惩罚权，结果就造成了战斗力低下、组织纪律松懈，对管理十分不利。

千万不要让员工认为规章制度只是一种摆设，没有权威性；也千万不要让员工认为工作就是个饭碗，做得再差锅里也有他的饭，也不会受到惩罚。对于违反规章制度的，要给予惩罚；对于在生产过程中造成重大损失或严重影响的，要坚决严惩不贷。经过“循环往复”的奖与惩。最后使其养成遵守规章制度的良好习惯，以后不用再监督，员工也会自觉地遵照规章制度来办事。

企业中会有这样的现象，某个员工触犯了规章制度，但是由于触犯规章制度的是个劳模，为了维护他的威信，就免于处罚。如果用这种方法来处理，规章制度就失去了权威性，不能服众。要维护规章制度的权威性，就要一视同仁，使其产生“炉火效应”，即谁摸它都烫手。这就要求班组长在工作过程中要严格执行企业的规章制度，对事不对人，只要违反规章制度，就要遭受处罚。只有这样，才会在班组内部树立严格执行企业规章制度的风气。

而对于那些极具破坏性的人物，应坚决予以坚决清除。有些人抱着极端的个人主义，违背组织原则，严重阻碍组织的发展，损害组织和组织内其他成员的利益，或者在非正式组织内传播谣言、煽风点火、蛊惑人心。对于这类害群之马，在进行说服改造无效的情况下，要坚决予以开除，使其接受应有的惩罚。

一天早晨上班的时候，济南市汇贤物流公司的操作工刘仁还是老样子，一大早来了就“偷菜”，然后算着自己的好友的“菜”还有多少时间才能成熟。上班时间到了，大家都开始了紧张的工作。刘仁一边在“菜园”里闲逛，一边处理着手头的事务。就在他在好友的菜园里“偷菜”的时候，班长给他分来了一些单子，让要他处理一下，这下可好，又要“偷菜”又要完成公司的任务，一时疏忽,刘仁把装箱单的货号填错了。

然而刘仁还算机警,他偷完“菜”后马上就感到事情不对,就赶紧采取补救措施。他又是打电话给客户,又是打电话给运输公司,又是写申报材料准备改。他认为自己已经做了补救,事情也没有造成什么损失,感觉就像没事人一样,继续算着时间“偷菜”。到了下午,负责这单生意的业务员从外面风尘仆仆地跑回来,对着刘仁说了句抱怨的话:“你以后上班别‘偷菜’了。”

正巧,这个时候老板下来了,他面无表情刘仁叫了出去。15分钟之后,刘仁哭丧着脸回来收拾东西,这时才知道,他被开除了。因为这已经不是初犯了,以前就有过两次。

因为违规,刘仁被开除了。这个后果对他来说或许太过严厉了,但对于公司来说,把他开除绝不是目的,因为尽管没有造成严重的后果,但其消极影响却是非常之大的。老板如果不来个杀鸡儆猴,只怕“偷菜”现象会越来越严重;违规就要受罚,谁都不能例外。

在心理学上,奖惩是一个很宽泛的词汇,意指能够在对方心理上产生积极或消极影响的任何外在强加措施。管理中能够让员工感到不舒服的任何举措都是惩罚,能够让员工感到舒服的任何举措都是奖励。奖或惩在当事员工自己的心理上甚至在团队中其他人的心理上,都会产生持续的正强化或负强化作用。因此,管理中的奖惩无小事,班组长既不能把奖励当作唯一的方法,也不能把惩罚当成绝对的目的,必须适时适度地用好奖惩。

9 培训是一笔划得来的投资

“对企业班组长来说,组员素质低不是你的责任,但不能提高组员的素质就是你的责任!”一位管理专家如是说。GE总裁韦尔奇也认为,自己的工作就是:一手拿着水罐,一手拿着化学肥料,让所有的事情都变得枝繁叶茂。

无论到什么时候,人都是单位里最重要的资产,也是单位里面的主要财富。古语有云"欲造物,先造人",提升人的价值,关键在于不断施予培训。优秀的班组长应开发组员的潜能,鼓励和帮助组员取得成长进步,改变组员的业务知识与工作能力,使其在自己的工作岗位能够独当一面,增强团队的战斗力凝聚力。对于一个班组来说,任何对于员工的培训,都是一笔划算的交易。企业进行一倍的投资,可能换来十倍的回报。

企业人才队伍建设一般有两种:一种是靠引进,另一种就是靠自己培养。从员工队伍的稳定性、凝聚力以及对企业文化的认同感等方面考虑,企业人才队伍建设更多地应注重内部的培养。因此,企业经营战略的重点亦就是员工培训的出发点和关注点。这样不仅有利于培训的有的放矢以及部门工作服从全局,也有利于培训的顺利实施。如像海尔以产品质量作为企业经营战略一个重要组成部分的公司,其员工培训就应围绕如何提升产品质量、如何把品质作为企业文化融入员工理念等方面来进行。培训教育是提高团队成员知识水平和综合素质的重要途径,而团队成员的知识和技能又是激发创新能力的前提条件。同时,培训还可以让员工们在品德、情感、志趣等精神层面形成一些比较一致的认识,这是决定团队凝聚力和团队精神强弱的重要因素。

好的计划必须要靠好的实施来实现。人力资源管理部门必须加强对培训的反馈和及时跟踪,对未按计划实施培训的部门应予以警告,并对其主管在绩效考核时予以扣分等处罚。参加培训人员必须在出席签到单上签字,以及培训结束后必须对员工进行有效考核,最后各部门要将签到单、考核结果等交人力资源部门保管。对不按时参加培训及考核不合格的员工进行通报批评,并要求其参加补考,直至合格。同时,人力资源部门对参加培训的员工发给培训评议表,以让员工对每次授课内容及培训师进行评议,对不合格的培训师及时提出警告,以让其改进,若连续出现两次警告,则取消其培训师资格。

自打车间组织班组员工封闭培训一周后,中国南方某集团公司机电公司维修班班组员工精神面貌和工作热情产生了明显变化。在班长老潘看来,这种变化的确在情理之中。莫说是班组中的青年员工，就是潘班长本人已经参加工作近20年，也才是第一次接受这样的培训。公司领导用极具感召力的语言，描绘企业的发展前景，确实催人奋进，令人鼓舞。尤其是公司正着手推进的薪酬体制改革和个人职业发展规划，如同注入强力的兴奋剂，让人感觉工作有奔头。

企业要积极支持员工在技术和能力方面寻求发展，开展多种类型的、系统的培训活动，并从制度上予以保障。除职业岗位培训外，组织还应重视为员工提供高级的技术、管理培训及多层次的学历教育，从而使企业各层次员工都能获得提高的机会。近年来，在一些领先企业中，着眼于员工全面发展的培训正成为时尚，如扩大员工视野和知识面的培训，改善员工人际关系能力的培训，提高和培养员工文化素养和情趣的培训，以及丰富员工业余生活的培训等。

"海豚式升迁"是海尔培训的一大特色。海豚是海洋中最聪明最有智慧的动物，它下潜得越深，则跳得越高。如一个员工进厂以后工作比较好，但他是从班组长到分厂厂长干起来的，主要是生产系统；如果现在让他干一个事业部的部长，那么他对市场系统的经验可能就非常缺乏，就需要到市场上去。到市场去之后他必须到下边从事最基层的工作，然后从这个最基层岗位再一步步干上来。如果能干上来，就上岗，如果干不上来，则就地免职。

有的经理已经到达很高的职位，但如果缺乏某方面的经验，也要派他下去；有的各方面经验都有了，但处事综合协调的能力较低，也要派他到这些部门来锻炼。这样对一个干部来说压力可能较大，但也培养锻炼了干部。

实战方式是海尔培训的另一大特点。比如海尔集团常务副总裁柴永林，是上个世纪80年代中期在企业发展急需人才的时候入厂的。一进厂，企业没有给他出校门进厂门的适应机会，因为时间不允许。一上岗，在他稚嫩的肩上就压上了重担，从国产化、引进办，后又到进出口公司的一把手，领导们看得出来他很累，甚至压得他喘不过气来。有一阶段工作也上不去了，但领导发现，他的潜力还很大，只是缺少了一些知识，需要补课。为此就安排他去补质量管理和生产管理的课，到一线去锻炼（检验处长、分厂厂长岗位），边干边学，拓宽知识面，积累工作经验。在较短的时间内他成熟了，担起了一个大型企业副总经理的重任。由于业绩突出，1995年又委以重任，接收了一个被兼并的大企业，这个企业的主要症结是：亏损、困难较大、离市场差距较远。他不畏困难，一年后就使这个企业扭亏为盈，企业两年走过了同行业二十年的发展路程，成为同行业的领头雁，也因此成为海尔吃"休克鱼"的典型，被美国哈佛大学收入其工商管理案例库。之后他不停地创造奇迹，被《海尔人》誉为"你给他一块沙漠、他还给你一座花园"的好干部。

海尔的培训体系无疑是令人称道的，可谓行业培训的标杆。

培训组员在班组管理占有重要的位置，优秀的班组长，就需要拥有培养教育组员的能力，组员的进步才是真正的进步，组员的进步也是衡量班组长能力的标准。培训尤其是对于那些岁数年轻正在成长的组员更有吸引力，"享受培训就是最好的奖励"。但是对于那些已经有一定成就的有相当经验的组员来讲，精神培训激励就不是重要的了。

总之，员工培训管理是一项复杂的系统工程，它涉及到企业及员工的切身利益。因此，在安排员工培训时，必须统筹兼顾，使员工培训切实发挥出其应有的作用。

10　永远不要成为不可替代的人

在一次培训课堂上，台湾讲师朱志华曾让大家思考一个问题：如果有一天你晋升为班组长，首先应该做的一件事是什么？参加培训的学员们惊异于这个看似简单却又不知从何下手的问题，给出的回答也五花八门，但无一让讲师满意。最后朱先生意味深长地说："记住，如果有一天你升职为班组长，首先要做的一件事就是培养接班人。”大家对这个看似离谱的答案很是不解，有人甚至觉得可笑，仿佛还没有坐热位子就要做好拱手相送的准备，情理上太难以接受了。然而朱先生接下来的解释却让人口服心服：从公司的角度讲，不能因为个人原因而影响公司工作的正常进行，如果有一天你调动、升迁、休假、出差、离职、或者发生其他意外，那就必须有一个可以接替你位置的人，这样公司的正常运作才不会受到影响。从个人角度讲，这也是为了让自己拥有更好的发展空间。试想如果你的班组离开了你就无法运作，无法开展工作，那么你所面对的结果将只有一个，那就是你将一直呆在这个位置上而永远得不到升迁。这样，当升迁的机会来临时，由于没有合适的人接替你的工作，你的升迁可能导致你的班组瘫痪，为了公司工作的正常运作，领导将不得不考虑其他人选，你也将因此而失去这个升迁的机会。最后，朱先生又补充一句：“切记，永远都不要成为不可替代的人，这是妨碍你成长的最大障碍！”所以说，作为班组长，一定不要忘记培养自己的接班人，而让自己随时都可以被替代。

让自己被别人替代，这在绝大多数的人看来都是不能容忍，也更是不能接受的。因为有时候，被别人替代就意味着工作不保，意味着饭碗丢失，意味着自己的才能比别人差，在面子上无论如何也抹不开。但对于班组长而言，由于这个职位的特殊性，很容易就会被别人替代。班组长要做的就是，接受培养自己的接班人，时时做好被替代的准备。

随着西山煤电集团公司“大投入、大开发、大跨越”战略部署的逐步实施、打造一流的煤焦化电基地等工程急需大量劳动力资源。2007 年 4 月，王道起通过在集团公司技工学校半年的系统培训考核合格后，当上了一名采煤工人，结束了多年漂泊不定的打工生涯。他被分到了杜儿坪班，班长名叫谢成林。

能拥有一份安稳的工作，对生在矿山、长在矿山的王道起来说着实是一件高兴的事。而且，班长谢成林也非常关心他，让他的成长非常迅速。然而，参加工作以后，矿上严格的管理制度与采煤岗位的辛苦，使过去在社会上自由惯了的王道起身心一时难以适应。王道起明白，在自然界残酷的现实面前，优胜劣汰的自然法则会得到了充分的体现，他想到了退缩。但每每回忆起昔日打工时那种迫切想家的归属感，王道起犹豫了。谢成林告诉他，身边比他年龄小、个头小、身体弱的工友都能胜任工作岗位，他王道起为什么就不能？男人的自尊坚定了他留下的信念。于是，他向班长表了决心：不干则已，干，就要干出个名堂来。班长谢成林看在眼里，喜在心里。他知道，这个人会干出名堂来的。

谢成林决定把他好好培养培养，于是经常给他讲解知识，传授技能。一段时间过后，王道起在工作中变得非常积极主动，而且只要有空，他就钻研书本知识。谢成林告诉王道起，采煤工虽然是份体力活，但如果不去虚心学习理论知识、刻苦钻研业务技能，那肯定是不行的。要想胜任岗位实现安全生产，必须下苦功学习业务知识。为了让他掌握岗位操作技能，谢成林常常指导王道起从挂梁子使棚的操作技巧到支柱的正确支设，从采煤三大工序的操作要领到行为规范、操作标准，都一一反复地手把手地教他。由于工作中踏实肯干、能吃苦耐劳，又勤奋好学，不到一年的时间，王道起就从一名学徒工成长为班组的业务骨干。工作之余，他也经常帮助他人，受到了单位领导与员工的好评。2008年9月份，班组需要一名责任心强、工作踏实的打眼工，经过班委会研究决定，王道起从上茬工转为采煤辅助工。面对相对较为轻松一点的岗位，王道起丝毫没有懈怠，而是一有时间就向班组长讨教管理上的知识，经常协助班组长现场处理工作面遇到的危、难、险、脏、重等问题。并积极为班组管理出谋划策，很快成为了班组长谢成林在管理工作上的左膀右臂。

有动力就会有成绩，有梦想谁都了不起！由于工作出色，王道起被区队推荐参加了矿组织的“后备班组长培训班”，拿到了后备班组长资格证书。后来又在矿员工的技术比武中，王道起以优异的成绩一举博得头筹；在集团公司团委开展的“与不安全行为告别、做有素养的青工”活动中，王道起又被评选为“安全生产先进个人”。看到王道起的一步步成长，看到他的成绩一点点地取得，谢成林感到非常欣慰：以后班里有什么事，没有他谢成林，有他王道起，照样行！

让自己的工作可以替代，这样可以显示你对组员的信任，他们必定会竭尽所能，全力帮你把工作做好。能够成为接班人的组员条件是能辅助班组长开拓进取，如果班长想把某个组员培养成自己的左膀或右臂，就应该将日常业务工作尽量委托给他干，自己腾出时间考虑班组将来的发展。

优秀的班组长可以定义为：具有最大限度地培养和利用下属的能力。有的公司规定，任何主管在没有培养出合格的继任者之前，是不能升迁的。为了防止突如其来的人员变故，并为未来的公司发展预留空间，有的公司实行了“副手制”或“接班人计划”。班组长要选出具有培养潜力的后备人才，给予更多的展示机会，代替自己行使部分权力，并在职业生涯规划、管理技能提升方面给予特别辅导，同时定期给予评估。

某单位物管处有位老处长，工作一直兢兢业业，下级也非常尊敬他，这位老同志每天第一个上班，最后一个下班，什么事都要亲自嘱咐亲自督办，下级也是背靠大树好乘凉。他对管理者应放手让下级工作的观点不以为然，说：“这怎么可能呢？比如有一次，办公楼的一个水管坏了，要不是我在旁边监督着修好了，就一直哗哗地流。”终于有一天，老处长累倒了。住院期间他身在医院心在单位，总担心自己不在的这一个月，单位的事情不能正常运转，尽管来看望他的人都说没事，可他还是忧心忡忡。等他回到单位才知道，这一个多月的时间里，在大家的努力下，处里的工作井井有条，每件事都做得很好。他不禁感叹道：“看来这地球离开谁都照样转呀！”

这位老处长就是典型的“不放心”型领导。老人家一辈子操心惯了，有点像大家族里那个永远挂着钥匙的老家长，一直要等到真躺在床上才肯交权，且依然不放心，总觉得下级长不大：他们其实不明白一个最简单的道理：小字辈们早就想“当家”了，主要是没有这个机会，假如师傅不在身边，他们照样干得非常好，甚至可能会超过老前辈。

需要注意的是,接班人是辅助你工作的得力助手,你可以与其进一步加深感情,但决不能拉帮结伙,搞帮派主义,否则,在今后的工作中他们很有可能狐假虎威,越俎代庖。出现这些不良后果,你就有不可推卸的责任。

如果你想培养好自己的接班人,那么,你最好应该在班组先进分子的堆里面寻找。在先进个人评选、季度检查评分中,有好多优秀的组员需要你的培养;着重培养其中的一个,让他成为你的接班人。

11　给组员一个"没有天花板的舞台"

佛斯特轮胎公司总经理法兰克·李曾说:"佛斯特轮胎公司最引以为荣的一项政策,便是所谓'全员参与性的管理'方式。"这种参与管理法鼓励员工为实现组织的目标充分发挥创造力,使员工在与自己密切相关的事务上拥有一定的发言权,能为企业带来巨大的收益,同时也在某种程度上满足了员工自我实现的需要。

在当代社会,参与、协作、奉献已成为现代企业员工值得倡导的一种意志状况和思想境界。参与管理是企业兼顾满足员工各种需求和效率、效益要求的基本方法。员工通过参与企业管理,发挥聪明才智,得到比较高的经济报酬,改善了人际关系,实现了自我价值。而且由于员工的参与,改进了工作,提高了效率,从而达到更高的效益目标。根据日本公司和美国公司的统计,实施员工参与管理可以大大提高经济效益,一般都可以提高50%以上,有的可以提高一倍至几倍。

其实,每个班组职位设置本身的拉伸性就很强,每一个职位都承担较多的工作内容,让组员纵向发展的同时,也能有一定的横向发展。如果有些组员愿意成为复合型人才,可以申请轮岗。优秀班组长要能"给组员一个没有天花板的舞台"!"光说不练是耍把势,光做不说是傻把势,能说会干才是真把势",要干了以后才能说。优秀班组长一定要给组员一个自我展现和自我总结的舞台,将务实作为创新的基础。

人们之所以工作，所追求的不只是金钱，还有被认同、信任、赏识和创造自身价值。班组长满足组员的需要，那么，组员回报的就会是一流的产品、一流的销售，以及一流的敬业精神。

信任别人会产生极佳效果。假设每个组员都极力想要有所表现，那么作为班组长就应该给组员一个施展才华的空间，激励组员齐心协力干好工作。许多班组长在处理复杂易变的事务时，往往会产生不安全感与沮丧感。每个人都有各种面貌与潜能，有的清晰，有的模糊，用不同的对待方式就有不同的反应。有的人会让班组长失望或占班组的便宜，有的人会藐视班组的规定或班组长个人……但无论如何，对班组长而言最重要的是真正对待和充分信任组员，因为没有人会拒绝阳光。

小张是最近新提拔上来的一个科室副主任，任务是辅助老主任老张开展工作。最近单位接到某企业的一个大型项目，遗憾的是大家之前都没有这方面的经验：该由谁牵头呢？老张首先就想到了小张，他向单位领导请示之后，找到小张，把项目的背景要求以及准备让他负责的打算说了一下。小张根本没有一点儿心理和思想准备，连声说："我年轻，没有经验，再说这个项目一旦开展起来，也不是我们一个科室能完成的，我真的难以胜任。"老张主任笑了："你没经验，我有？谁都没干过！没干过学嘛，谁也不是天生就会的。你有这方面的理论功底，去亲自给你坐镇，你就大胆地上吧，这方面全面由你负责，你想怎么弄就怎么弄。有什么资金、技术方面要求的，直接找我！"就这样，把小张这只"鸭子"赶上了架。

项目开始实施前作动员，单位领导亲自出面，但涉及具体技术问题时，领导指指小张说："这些事他负责。"老主任老张也给小张当起了军师。于是，小张经过深思熟虑之后，将各路精英汇集到了一起。在工作中，他们常常对一些极琐碎的问题争论得不可开交，小张有点驾驭不了。老主任呢？涉及技术问题，他不参与，但凭着老资格，总在第一时间给"捣乱分子"发出警告。其实单位领导也没闲着，由于大家在不少具体业务上都有点力不从心，于是他借助自己的关系，请有关权威专家为大家答疑解惑。渐渐地，争论变成了学术讨论，大家渐渐进入了状态，再加上不断被派到现场参观，项目越做越深入，最后成功地交了活儿。结束后，大家一下子感觉提高了不少。在这个过程中，收获最大的要算小张了，他不仅业务熟了，而且协调与组织指挥能力大大提高，后来成了独当一面的“将才”。后来他每每回忆起这段经历，不仅由衷地感谢单位的领导和老主任，而且也深切感到：做这一次活儿，胜过他学的几年管理学。

小张单位的领导就是一个善于带将的人，其高明之处是把下属放在一个实战的环境中去锻炼，给了小张一个完全“没有天花板的舞台”。其结果是，“活儿”干得漂亮，下属的技术水平和管理水平也得到了提高。同时，他们又不是那种只压担子不负责任的大撒把式的领导，而是在背后暗暗指导、帮助下属，让下属既在无助中锻炼了魄力，又在成功中实现了自我价值。

在实际工作中，有最好想法的人往往是那些直接参与任务执行的人。给组员广阔的舞台，让组员参与进来，让组员知道你对他们的意见很重视。一般情况下，组员不希望被简单的命令和指示所操控，他们希望在工作中起更重要、更有意义的作用，他们渴望参与决策。当组员希望参与，而你却不给他们这种机会时，他们就会疏远你和整个班组。如果你能够尊重组员的看法，即使最终没有采纳他们的建议，你将会发现他们更愿意支持你的决定。

在企业经营管理活动中，给员工提供舞台，让员工参与管理，往往会提高他们工作的效率和工作满意度。随着受教育水平的不断提高，员工会逐步提高解决实际问题的能力，他们不但渴望参与到与工作相关的决策中，而且还会非常关注他们的意见或建议能否得到上级的重视。而班组长为他们创造参与条件，使得他们能够感受参与的乐趣和成就感，并最终获得收益和上级的认同感，是一个企业和员工共同收益的双赢过程。

我们不难看到，给员工一个充分发挥才能的舞台，让员工参与进来，其实也是一种对员工的宠信。正是因为有了对员工的相信和重视，才敢于让他们参与到企业的发展中来。而宠信员工的班组长在实施参与计划的时候，也会采用指挥、引导、监督、控制以及协调的手段来增进员工的积极性。让员工参与决策对提高执行力的影响，也早已经被很多实验所证实了。让员工参与到企业管理中来，是现代管理学所支持的，也是“宠信”员工的理念所提倡的。宠信就是信任，表明班组长相信员工热爱企业，相信他们愿意将自己的聪明才智都贡献给企业，让他们参与到企业管理中，一方面真正视他们为企业的主人，另一方面也显示出了对员工的重视。更重要的是，他们参与制定了企业目标，让他们有理由更积极地参与工作，只有这样，才能够真正实现“提高执行力”。

管理学家马洛在哈乌德公司进行了一个这样的实验：

> 企业要改变工作内容，实验分两组，一个是非参与组，只告知新工作内容的安排，结果产量下降了35%，9%的工人离岗，其他人都抱怨工资太低了，六个月后无好转。另一组是参与组，让员工参与讨论为什么要改革，如何进行改革，第二天产量就恢复到以前的水平，三个星期后比改革前提高了14%，无人离岗。
>
> 实验继续进行。将第一组解散，两个月后以参与方式组织起来，一个星期内超过改革前的水平。

从这个实验的结果可以看出，员工来自参与的执行力远大于来自命令。当大家都选择后者时，就会有一种同舟共济的感觉，群策群力，企业获得转机的机会便指日可待了。

参与管理是一种比传统任务管理更有效的管理方式，它不仅使员工通过参与决策明确了工作任务，更主要的是使员工与管理人员处于较平等的地位，改善了双方关系，提高了执行力和企业效率。

日本丰田汽车公司就组织了一个员工俱乐部，鼓励员工提出合理化的建议，即使公司不采用这些建议，也会给予象征性的鼓励。其着眼点，正在于员工在“参与”过程中积极性的调动，主人翁精神的增强。

第四章　学习型班组长的业务和事务管理

班组生产是整个经营的中心环节，没有生产就没有效益。对于班组长来说，在安排班组生产时，首先应制订好计划，然后安排合理的生产过程，期间应做到让生产过程精益化。班组长还要做好现场管理，坚决杜绝违规生产作业，要让“7S”成为班组最佳的“推销员”，让管理工作“看得见”。

1 计划越具体，执行越到位

计划是整个管理过程的起点，它是在组织目标确立的基础上，保证实现组织目标的方法、步骤和过程，即——组织根据环境的需要和自身的特点，确定组织在一定时期内的目标，通过计划的编制、执行和监督来协调组织各类资源以顺利达到预期目标的过程。计划是管理过程中的一个重要环节，是管理的一项基本职能，管理的其他环节只有在计划确定了之后才能进行，并且伴随着管理计划的改变而变更。计划也是组织对未来活动的事先安排。对于一个计划来说，它制订得越具体，执行起来就越容易做到位，效果也就越好。

班组计划源于企业总体计划。制订好班组的计划，有助于实现企业总体计划。班组计划也是构成企业计划的重要组成部分。在具体的管理工作中，班组制订的计划，通常是短期计划、具体计划和作业计划。安排工作时，班组长事先要对每一项工作任务"胸有成竹"，像工作环境、工作难易度等关键指标更要摸准吃透。对每一位员工的技能、体力、身体健康状况应清晰的了解，并且这种了解不是一劳永逸的，而是每天甚至每时每刻都要进行的。因为人的技能、身体状况是不断变化的，甚至情绪的高低起伏对此都有很大影响。这样才能在具体分工时，量才使用、量力而行，做到工作安排无遗漏轻重分配恰当。

班组班组长之所以需要制定班组作业计划，这是因为计划在管理工作中有以下四方面的重要作用：

◆计划可以为组织成员指明行动方向，协调整个班组的活动。

◆计划可以预测规避班组管理中可能的障碍，减少班组目标遭受冲击的可能。

◆计划可以消除浪费、提高效率。

◆计划可以提供管理标准，便于班组长进行管理控制。

班组长只有了解和掌握了计划的功能和作用，班组在制订计划时，才能充分发挥员工积极性，群策群力，准确预测，制订出一个组织严密、使工作少走弯路和减少不必要消耗的工作计划或作业计划。

做一个好的工作计划，能大幅度提高工作效率。计划是有层次的，越是上层的计划涵盖的幅度越大，即战略计划；越是基层的计划涵盖的幅度越小、越具体，即行动计划。行动计划中，细分为作业计划，而班组制订的最多的是作业计划，需要具体到每一个班组员工。

计划是行动之母，行动是成功之母。成功的班组管理者都善于规划自己的工作计划，他们知道自己要达到什么目标，并且拟定优先顺序和详细计划。可能有人会说，计划赶不上变化，要那么多计划有什么用？有些时候我们当然无法百分百地按照计划进行自己的工作，但是计划会提供做事架构的优先顺序，让你可以在固定的时间内确保完成最需要做的事。

如果班组长都能给自己设立一个明确的计划和目标，那么就能走向职业领域的成功。据统计，在所有职业人士中，只有3%的人明确自己的目标，当然作为企业基层管理者的班组长也不例外。只有确定目标，并不断朝着目标努力，才能成长为最优秀，在激烈的企业竞争中能永远立于不败之地。

中铁工程宝桥公司是生产辙叉的专业公司。截止2006年4月底，企业的生产品种和规模已从两年前的单一品种、几个规格，递增到现在的几十个品种、上百个规格；批量也从月产30多根发展到170多根。近两年，随着公司对外承揽业务的能力不断加大，北美、韩国、安哥拉、越南等辙叉销售市场的需求量不断增多，并且质量水平要求也在不断提升，生产形势日趋紧张，生产人员和生产设备的压力也在不断加大。

2006年6月2日，辙叉车间月度生产计划下达到了班组，机加工四组工长肖卫东开完车间生产会，立刻回到班组，看着月度生产计划书：北美高锰钢辙叉196根，韩国高锰钢辙叉42根，安哥拉辙叉86根，道岔配件(垫板)57组。

面对着本月繁重的生产任务，肖卫东心中有点犯愁了。由于近半年来出口辙叉产量的不断增加，不但品种规格增多了，而且供货周期也缩短了，班组的设备和人员已经非常紧张，员工施工班次已经从两班调整到了三班，设备加工能力也趋于饱和，再增加产量困难很大。但任务不等人，计划就是命令，他思考再三，决定先召集工长和骨干开一个班务会，充分发扬民主，发挥集体的智慧和力量，解决当前的难题，完成车间交给的任务。

工长肖卫东首先说明了车间下达给班组的本月计划，带领大家分析本月生产产品的构成、批量和工期，请大家开动脑筋逐项排算，想办法挖掘加工设备的潜能，看能否采用新型刀具优化加工方案，确保本月生产任务的完成。

最终，大家统一了认识，决定首要的工作还是把计划分解、细化，将任务与责任落实到每个员工与岗位。按照车间要求的“日检查、周考核、月兑现”的计划落实原则，按照人员、设备的配置和性能，把计划充分细化。

鉴于近来250公里高速客专道岔配件生产任务的加入，给完成常规辙叉和出口辙叉的生产任务提出了新的挑战。肖工长与大家仔细分析了车间生产计划中的各项指标，把月计划按周、按日、按班进行分解，由工长、党小组长、工会小组长各带一个作业组，分项包干。肖工长带领18名员工重点抓好北美辙叉生产，党小组长小王带领12员工负责安哥拉辙叉的生产，工会小组长老张带领2名高级工和8名青工负责韩国辙叉和道岔配件的生产。

肖工长对北美高锰钢辙叉196根的全月任务又详细计划、安排生产，把18名员工按技术、年龄合理搭配，196根月产量按照三个作业组和班次，落实到每个员工。同时考虑10%的增产，3台铣床同时作业。另外由党小组长小王和工会小组长老张带领的2个作业组也依照执行。

每天的工作任务完成以后，肖班长都要逐项检查生产情况，落实生产进度，询问工作中遇到的问题，确保每天产量的完成，生产进度不拖延。他以每日的单产促周产，按照车间的要求真正做到了“日检查、周考核、月兑现”。

正是由于细化了计划，日日有工作目标，周周有考核统计，从而使员工、设备能力得到了很好的发挥。在全组40名员工的共同努力下，最终提前两天超额完成了月计划，创下两年中，小组月产北美辙叉铣切加工204根的新纪录，受到车间和公司的嘉奖。

班组一级的班组长，在管理实践中，容易对计划的基本内容理解不深刻、对计划的内容把握不全面，往往从已有的习惯经验出发，于是班组计划就容易拍脑门，出现想到哪儿就干到哪儿的现象，这样就影响了计划的具体实施和目标的实现。要改变这种状况，就要了解什么是计划，计划一般包括哪些基本内容，加深班组长对计划的全面认识。

班组长在制订班组作业计划时，首先要把未来班组计划的内容从战略高度进行全面把握，做到心中有数。要认识到个人力量的局限性，一定要让全体员工都参与进班组计划的制订中来，若做不到全部员工都参加，至少也要大部分员工参加，一方面集思广益，另一方面增加班组员工对未来班组计划的认同感。为班组很好地完成生产任务打下了一个很好的基础。同时，要把班组计划和未来的实际工作结合起来，班组计划就是对班组未来实施生产过程的预先规划，只有在制订班组计划时将计划与未来的实施最大限度地拟合，制订的计划才能越贴近实际，才有实际操作意义。例如，根据班组资源情况，将班组任务细化到小组和个人，就是对班组计划的科学规划和预测。

各层次的计划对协调组织内部和组织成员的功能各不相同，翔实具体的组织计划可以减少组织活动中的各种不确定性，降低变化给组织带来的不利影响。在具体的实际工作中，没有组织的行动计划就无法对组织活动实施控制。基于此种情况，班组长只有作好班组计划，才能使班组工作方向明确、少走弯路、降低资源消耗、提高班组工作绩效。同时，还必须弄清楚你将要制订的是什么层次的生产作业计划。即是长期计划、中期计划，还是短期计划；是战略计划，还是行动计划；是指导性计划，还是具体计划。确切了解班组一般制订的是短期计划、具体计划和作业计划，具有很强的针对性，是班组中每一个员工的行动指南。

2 效率来自于合理的生产过程

生产过程是生产管理的主要内容，是指从准备生产开始，直至把产品生产出来的全部过程。生产管理是指对企业生产技术的准备、原材料投入、工艺加工直至产品完工的具体活动过程的管理。它主要包括生产计划和生产作业计划的编制、生产过程的组织以及生产过程的控制等内容，要求在车间、工段的具体组织下，以不断降低生产成本、提高企业经济效益为中心，严格执行以岗位责任制为主要内容的各项规章制度，协调各岗位、各工序的生产活动，保证安全、稳定、连续地进行生产，按各项经济技术指标的要求全面完成各项生产任务。班组生产管理是有计划、组织、指挥、监督和调节生产活动的行为，它的目的是以最少的资源损耗，获得最大的成果。

对于一个现代班组来说，生产过程的合理性相当重要。生产过程的合理性常常会影响流程的质量与效率。改善生产过程，提高效率，已经成为企业健康发展、班组积极向上的一个战略性要素，这是企业管理研究细化的必然趋势。离开良好的生产过程的支持，纵有完美的战略、高效的流程、先进的技术，也可能难以对公司的效率与效益有所帮助，班组的提高也就成为一句空话。

任何一个工业企业，产品的生产均须经历一定的生产过程。它需要一定的时间或周期。根据生产过程所经历的各个阶段的地位和作用的不同，可将生产过程划分成四个阶段：一是生产技术准备过程，它是指产品在投入生产之前所进行的一系列准备工作的过程。它主要包括产品设计、工艺设计、工艺装备的设计与制造、劳动定额制定、原材料与辅助材料消耗与储备定额的制定、新产品的试制和检验等。二是基本生产过程，是直接把劳动对象经加工变为企业基本产品的生产过程。这一过程是企业的主要生产活动。例如，机械加工企业要经过毛坯制造、机械加工和零部件装配等基本生产过程。三是辅助生产过程，是指为保证基本生产的正常进行提供必需的辅助生产的过程。例如，企业为保证基本生产提供的动力、机修和模具加工等。四是生产服务过程，是指为基本生产和辅助生产提供的各种生产服务活动。例如，原材料的供应、运输、保管及有关的检验、测试等。

大体上来说，只要做好了以上几点，一个完整的生产过程就基本完成了。但在现实中，生产过程不都是把以上几点完成好了，或者说，粗放型的班组在生产过程中总有这样那样的疏漏，总出现或多或少或大或小的错误，从而造成生产效率的降低，这就使得合理地组织生产过程愈加受到人们的重视。

南通电梯电器公司专门生产电梯，在市场上也小有名气。随着电梯产品日趋个性化和定制化，每个部件无论从材质到尺寸都各不相同，这给工人们的作业加工增加了难度，也成为让班组长老郭头疼的问题。同时，为适应市场需求，每部电梯的生产加工周期一再压缩，部件加工准备时间、加工时间都安排得非常不合理。对于加工中心来说，他们获得生产指导文件和指令的时间很重要，但由于一些原因，常常造成当完成上一种工件加工任务后，还须等待下一种加工工件的图纸、工艺文件（POS 表）和生产计划，因此造成生产准备时间和停机时间长等不必要的浪费，使得公司的生产效益大大降低。

合理组织生产过程就是要把生产过程在空间和时间上合理组织安排，以保证企业按质、按品种、按数量、按期限完成生产计划任务，取得良好经济效果。为此，工业企业在生产过程组织时，应满足下列客观要求：

首先是生产过程的连续性。连续性是指产品在生产过程的各生产阶段、各个生产工序，在时间上紧密衔接而连续不断或很少间断。连续性的实现，可以保证缩短生产周期，加速资金周转，减少在制品的资金占用，提高设备和生产面积的利用率。

其次是生产过程的比例性。比例性是指生产过程的各生产阶段、各生产工序之间，在生产能力的配备和产品劳动量上保持合理的比例关系。保证比例性，可以提高劳动生产率和设备利用率。

再次是生产过程的节奏性。节奏性是指生产过程的各生产阶段、各生产工序在相同的时间间隔内，所生产出的产品数量大致相等或均匀倍增，使每个工作地的负荷保持均匀，避免时松时紧，或前紧后松的现象，保证正常的生产秩序。保证节奏性，有利于充分利用人力和设备，有利产品质量提高和缩短生产周期。

最后是生产过程的平行性。平行性是指生产过程的各生产阶段、各生产工序要实行平行作业，即在空间布局上尽量保证产品的各个零件、部件的加工和装配及其他生产阶段及工序能在各自的空间内同时平行进行。保证平行性，能大大地缩短生产周期。

按精细化生产的要求，济南桥箱公司采用IE工程对生产线布局和工位器具等进行了科学合理的调整和改造，使生产布局更加紧凑合理，设立了标准手持(工序在制品定额)，减少生产面积和工序，有效地控制了产品的磕、碰、划伤。新的生产线充分体现了人性化的要求，生产线整齐、清洁、明亮、工作环境舒适，提高了员工的工作积极性，为员工生产优质的产品创造了条件。

为了达到员工操作的合理化，班组长刘铭还制定了新的标准作业指导书和标准作业组合票，新的作业文件与以前的工艺文件有着很大的不同，其中不仅对产品的尺寸进行标注，同时对员工的作业路线及动作也加以规范，达到动作标准化。员工在各自的工作区域内按照规定的生产节拍、标准作业指导书和标准手持量进行“标准作业”，实现了按节拍进行生产，使产品质量得到了保证,极大地提高了生产效率。

现代工业日益发达,产品生产过程的合理化及高品质为大家所认同,所追求。可以说,正是因为采取了合理化的生产过程,济南的该桥箱公司的效率才有了最明确的保证。

生产不合理,其危害是显而易见的,除了造成不必要的浪费之外,由于周期和工序的原因,它还极有可能生产出残次品甚至危险品,在给消费者带来麻烦甚至危害,事情就会变得非常严重。因此,现代班组必须牢牢记住,在生产过程中绝不能麻痹大意,要严格按照生产规程进行生产作业。只有做到了合理化的生产,效益才能得到可靠的和有效的保证。

3 生产作业也要"尽在掌握"

简单地说,生产作业就是企业生产出物质产品,生产作业控制是指在生产作业计划执行过程中是企业对设备、流程、人员等进行规划,设计、指挥与控制,以便将原材料和能源转化为产品,并对有关产品生产的数量和进度的控制。生产作业控制的目标是保证按时、按量完成生产作业计划规定的产品生产任务。

生产作业计划下达以后,当车间和班组启动作业时,生产班组长的工作重点应移至生产第一线,控制生产的产量、质量和进度,加强动态管理。这不仅有针对产品的,也有针对组员的。有时候,在生产作业中对组员的情绪状态等方面的调控甚至比对产品的生产控制更难于把握。对于班组长来说,搞好生产作业中的宏观调控,不仅是一项职责,更是一项技能。班组长必须保证所有的生产作业都要"尽在掌握"。

班组长在开展生产作业活动之前,必须首先安排好技术准备工作。班组产前的技术准备主要是包括准备好图纸、工艺标准等有关技术文件和资料,如机械制造的产品结构设计和工艺设计、劳动定额与材料消耗定额资料等,要做到齐全、完整、配套。班组长要组织员工结合自己的工作,研究图纸、熟悉工艺，掌握各项技术要领。落实安全技术操作规程，明确检验方法，准备好检验工具，并提前做好检验。

同时，班组长也要做好物资准备。班组产前的物资准备工作主要包括把所需的各种工具、夹具、量具、模具、刀具、辅助工具等工装和工位器具准备齐全，领送到班组的有关工作地，按规定摆放在指定位置。检查调整好生产设备，使其保证达到满足生产工艺所要求的技术状态，活动设备还要提前在生产施工现场摆放好。按生产作业计划要求和使用的先后顺序，把所需物资和坯料、油料，如数领送到班组的工作地，放在指定位置，并进行抽检，看是否符合质量要求。疏通水、电、路、信，保证正常。

再有，班组长还有做好组织准备。班组产前的组织准备的主要内容有按作业计划要求，事先做好人员配备，保证班组工种之间、工序之间人力匹配，并搞好人员培训、岗位练兵、人员分工、明确职责等。确定生产班次，落实岗位责任制，明确班组长的任务，规定统计报表和原始记录的传递路线和时间，建立各种管理制度等。

安全生产的现场控制，实际上就是一个动态管理的过程。作业现场安全因素的瞬息变化、员工在作业过程中的情绪变化直接影响着安全生产的进展。为实现作业现场的安全动态管理，云南兴盛煤化公司摸索总结出“生产作业安全情绪调控法”进行作业现场的安全控制，有效促进了员工的自主保安和互助保安，被员工亲切地称为“安全班中餐”。

“生产作业安全情绪调控法”主要是采用手指口述会意的方式，班组长老高在每一个班的作业工序中适时对员工安全情绪进行稳定与调节，促进岗位安全生产的方法。其具体做法是：

当班工人进入工作面，在对采面安全检查后、员工工作分配完毕进入各作业点实施岗位操作前，班组长老高会对员工进行第一次安全情绪的调节，主要内容是讲清当班的工作任务、作业点的安全环境及注意事项、存在的安全隐患及整改措施，防止员工面对当班较为繁重的工作心浮气躁、急躁冒进、忽视安全，使其心平气和地开始当班的作业。

在当班工作量进行到一半左右的时候，老高对每一个作业点再进行一次检查后，对员工进行第二次安全情绪的调节。主要内容是根据各作业点不同的工作进度及安全环境的演变，有针对性地指导员工改进作业方法、改善工作质量、提高工作效率，以实现员工工作进度的平衡发展，督促员工及时处理安全隐患，防止其只顾埋头干活，而忽视质量忘了安全，校正员工不规范的行为或违章作业的现象。

在当班工作量即将结束，最容易引发事故的时候，老高会对员工进行第三次安全情绪的调节，主要内容是提醒员工保持清醒头脑，不要片面追求进度，循序渐进安全完成工作任务。防止员工急于结束当班的工作任务，产生松劲麻痹思想，不检查处理安全隐患而冒险蛮干，或粗制滥造省工图快，导致事故的发生。

"生产作业安全情绪调控法"的实施，有针对性地调节了员工在不同时段的安全情绪，对于细化作业过程中的安全控制、提升员工的岗位安全执行力和班组长作业现场的安全控制力、促进矿井安全生产等方面，都发挥出积极的促进作用，也成为采煤工作面的班组长和员工喜闻乐见的安全工作方法。

为了使生产作业"尽在掌握"，在具体的生产作业当中，班组长首先应抓好日产量，要掌握好日产量。日产量是完成总体作业的基础，每个车间、班组的日产量不会完全均等，对总体作业计划的完成会出现两种情况：一是各班组的日产量虽不均等，但在最后截止日期都能完成。这取决于各班组对新品种的适应能力及生产潜力，可以等额下达作业计划。另一种是班组之间的生产能力有强有弱。生产能力强的班组，转换品种时适应能力强，日产量计划能按时完成，并能逐日上升、遥遥领先，与其他班组的差距越来越大。因此，班组长应预测各班组完成计划的可能性，依据各班组的生产能力，差额下达生产作业计划。

从一般的情况来看，无论班组生产能力的强或弱，最终总要如期完成生产计划。为此，在生产任务相当饱满，组与组之间又不能调剂的情况下，对发现或预测不能如期完成作业计划的班组，班组长应明确该班组要加班来完成当日计划，而不是不分班组进度地全厂加班，这样才有利于督促生产班组在有效工作期内努力完成生产计划，按期交货。

生产作业的“尽在掌握”，班组长还要控制部门之间的衔接。生产计划的完成要依靠各个部门的努力，哪些部门要首先完成，哪些部门可以最后完成，中间各部门的衔接时间都应有明确的规定，部门之间如有脱节，将会影响整个作业计划的完成。例如，服装企业部门之间的衔接，要对服装材料的准备，生产技术的准备以及裁剪、缝纫、锁钉、整烫、包装、出厂检验、托运的每一过程规定作业的起止时间，以确保总体计划的完成。在整个流水作业过程中，由于每位生产工人的技术熟练程度及质量责任的不同，产生了产品质量上的差异。生产流水线上品种变化频繁，工人的生产技术如不适应，容易产生质量问题，为此，在布置作业计划的同时，应注重产品质量工作。

此外，要做到“尽在掌握”，班组还要对生产进行调度。生产调度就是在生产计划的执行过程中，对生产计划的监督、检查和控制，发现偏差及时调整的过程。按照生产作业计划的要求，提前检查生产技术准备工作的保证程度，合理组织与调度好厂内的生产运输工作，对可能的设备故障及时检修和排除。监督和检查各环节生产作业计划的完成情况，若存在偏差，应及时查明原因，采取补偿措施，保证计划按质量按期完成。监督和检查各环节的在制品储备定额的执行情况。组织好企业、车间的生产调度会议，及时协调和解决各环节之间的矛盾。

4 坚决杜绝“野蛮处理炉口”

有这样一个故事：

有一位员工刚参加工作不久，一次处理炉口时，没有按照操作要求做。他没有待化铁炉冷却，就把炉口沉淀的铁砂，用钢筋棒大块大块地直接撬动。更为严重的是，他为了偷懒，没有将废铁砂按要求倒入垃圾桶，而是直接沉入炉内铁水中，大块铁砂的撞入溅起了滚烫的铁水，造成了这位员工面部大面积烫伤。

这位员工其实并不是不知道清理炉口的程序，他以前做过很多次，都是按照规程做的，没有出现任何问题，这一次，他或许是因为侥幸心理，也或许是急着下班，没有按规程去做，才导致了悲剧的发生。

这就是有名的"野蛮处理炉口"事件，也是严重违规进行生产作业的代称。事后，该员工所在班组的班组长再一次与班组员工充分讨论，大家切身体会到"野蛮处理炉口"对生产造成的严重危害，也加深了对规范化生产操作重要性的认识。之后，如果是一个新员工刚上岗，班组长还要对此做很详细的解释工作，即使是老员工也会有懈怠的时候，没有细致的界定就起不到督促和警醒作用。班组在制订方案时首先要对"正确操作"作明确的界定。正确处理炉口的操作要求：

◆待炉子冷却后，再清理；

◆小心沿着炉壁，用钢筋棒一点一点撬动；

◆清理的炉渣必须取出，倒入旁边的垃圾桶内。

可以想见，如果班组制度的每一项条款都这样精心、细致地制订，加之必要的监督，那么班组工作一定会更加精细，成效更大；反之就可能无法执行，造成损失，甚至是事故。

严格按照操作规程和作业标准来进行生产工作，这是班组生产管理中的关键点，班组长要制订严格的、细而又细的操作规程和要求，最好是采用看板的形式，把它挂在工作区域旁边，以达到对当班员工时时提醒的效果。想一想那位被烫伤的员工吧，教训多么惨痛！

班组管理要坚决杜绝"野蛮处理炉口"，要精细、到位，有"规"可循，这个"规"就是班组规则。一定的规章制度是工作规范，是管理流程，一个班组中如果没有清晰的制度，就像公路上没有交通指挥一样，所有的员工都会率性而为，所有的工作都无法正常进行，所以精心、细致的制定班组规章制度是班组规范化管理的前提。

在班组规范化管理开展的时候，班组还要选择好切入点。切入点选得准确，班组精细化管理就能结合实际，避免水土不服，效果才会很快显现，达到事半功倍。

岗位规范化操作是公平竞争的要求。每个员工都有干好本员工作的愿望，但是在仅有岗位责任而无严格的操作规范时，缺乏“干好”的标准，往往是凭借领导的主观印象；当有了岗位规范操作后，只要能遵循“五按（按程序、按线路、按标准、按时间、按操作指令）”、做到“五干（干什么、怎么干、什么时间干、按什么路线干、干到什么程度）”，这就使大多数人的工作得以承认，使他们产生了成就感和荣誉感。另外，规范化操作为员工进行岗位竞争提供了尺度，你达不到本岗位的规范就只好让别人干；而你如果能达到技术性强、工作难度大、责任及风险大、薪金高的岗位规范，则可以向上竞争。

需要强调的是，岗位规范化操作是提高员工素质的必由之路。操作规范要求在岗人员严格执行“五按”，这是与当前我国企业员工的思想与技术状态分不开的。目前，企业中有的工人表现一般，这主要是由责任心不强和技术素质较低造成的，而岗位规范化操作正是为解决这个问题提供了一剂良药。随着员工素质的提高，规范化的工作就会逐渐成为工人的自觉行为，那时，工人将能更自愿、严格、创造性地执行岗位操作规范。

岗位规范化操作也同样是提高劳动生产率的要求。在实行规范化操作过程中，对操作内容、方法、路线、时间等都进行了科学的优化，使操作更加省时、安全、高效，使工人在一个轮班内的工作负荷更加均衡，从而在减轻员工劳动强度的前提下，提高了劳动生产率。

2001年6月14日15时，山西省某焦化厂备煤车间3号皮带输送机岗位操作工郝某从操作室进入3号皮带输送机进行交接班前检查清理，约15时10分，捅煤工刘某发现3号皮带断煤，于是到受煤斗处检查，捅煤后发现皮带机皮带跑偏，就地调整无效，即向3号皮带机尾轮部位走去，离机尾约5～6米处，看到有折断的铁锹把在尾轮北侧，未见郝某本人，意识到情况严重，随即将皮带机停下，并报告有关人员。有关人员到现场后，发现郝某面朝下趴在3号皮带机尾轮下。头部伤势严重，立即将其送医院，经抢救无效死亡。

经现场勘察，皮带向南跑偏150毫米，尾轮北部无沾煤，南部有大约10毫米厚的沾煤，铁锹在机尾北侧断为3截，人头朝东略偏南，脚朝西略偏北，趴在皮带机尾轮下方，距头部约200毫米处有血迹，手套、帽子掉落在皮带下。

从现场勘察情况推断，郝某是在清理皮带机尾上沾煤时，铁锹被运行中的皮带卷住，又被皮带甩出，碰到机尾附近硬物折断，郝某本人未迅速将铁锹脱手，被惯性推向前，头部撞击硬物后致死的。

事故发生后，当地有关部门组成调查组对事故进行了分析，认为操作工郝某在未停车的情况下处理机尾轮沾煤，违反了该厂“运行中的机器设备不许擦拭、检修或进行故障处理”的规定，是导致本起事故的直接原因。

班组管理要想避免“野蛮处理炉口”，规章制度必须细化。班组精细化管理所要达到的一个目的就是要尽力使操作执行（使用）简单化，要使操作执行简单化，规则的制订就必须相对“复杂化”。

对于已经形成的班组规章制度，班组长应按照精细化管理的要求逐条比对、重新梳理，使其规范化、标准化。对于新的班组规章制度，班组长在制订时应首先将全新的精细化管理理念融入其中，确立新方法、建立新标准。

现代工业企业拥有较复杂的技术装备，各种机器设备组成相互联系、相互配合的有机整体，机器设备有自身的运转规律，劳动者在利用设备进行生产时，不能不受机器设备自身运转规律的支配。在企业中，无论是产品的设计、工艺流程的制定、操作方法的选择、生产过程的组织等，都必须按照机器设备的运转规律，运用科学知识来解决。岗位规范化操作就体现了人们对机器设备运行规律的科学认识。

现代工业企业是具有高度分工与协作的社会化大生产。企业的任何一种产品都是企业内许多人共同劳动的结果，细致的劳动分工，必须要求严密的劳动协作。岗位规范化操作就是把广泛、细致、复杂的分工协调起来的客观要求。

现代工业企业的生产过程具有高度的比例性、连续性，生产管理追求高效而均衡地生产，而这些都必须建立在各个岗位都能科学规范地操作的基础上。

5 “在适当的时间使适当的东西到达适当的地点”

精细化生产是通过系统结构、人员组织、运行方式和市场供求等方面的变革，使生产系统能很快适应用户需求不断变化，并能使生产过程中一切无用、多余的东西被精简，最终达到包括市场供销在内的生产的各方面最好的结果。其核心是消除一切无效劳动和浪费，其目标描述为“在适当的时间使适当的东西到达适当的地点，同时使浪费最小化和适应变化”。这句话可理解为：通过不断地、尽善尽美地降低成本、提高质量、增强生产灵活性、实现无废品和零库存等手段确保企业在市场竞争中的优势，同时，精细化生产把责任下放到组织结构的各个层次，采用小组工做法，充分调动全体组员的积极性和聪明才智，把缺陷和浪费及时地消灭在每一个岗位。

精细化生产是以消费者的需求为生产起点，组织生产线依靠一种称为广告牌的拉动式准时化生产(Just In Time)，实行 7S，强调质量是生产出来而非检验出来的，在产品质量上追求尽善尽美，消除一切浪费，降低成本，以向零缺陷、零库存进军，用最少的投入实现最大产出，实现利润最大化。它要求建立在信任基础上的团队工作，其成员一专多能，积极地参与企业管理。精细化生产方式并不局限在工厂，可以推广到产品设计、质量保证、财务、人力资源、市场销售服务和采购等部门。精细化生产是一种起源于丰田和汽车制造的流水线制造方法论，也被称为“丰田生产系统”。精细化生产不但可以减少浪费，还能够增进产品流动和提高质量。

精细化生产方式既是一种以最大限度地减少企业生产所占用的资源、降低企业管理和运营成本为主要目标的生产方式，又是一种理念、一种文化，它追求完美、追求卓越，强调精益求精、尽善尽美，为实现“七个零”（零事故、零故障、零停滞、零不良、零浪费、零切换、零库存）的终极目标而不断努力。它是支撑个人与企业生命的一种精神力量，也是在永无止境的学习过程中获得自我满足的一种境界。精细化生产方式的实质是管理过程，包括人事组织管理的优化，大力精简中间管理层；进行组织扁平化改革，减少非直接生产人员；推行生产均衡化、同步化，实现零库存与柔性生产；推行全生产过程（包括整个供应链）的质量保证体系，实现零不良；减少和降低任何环节上的浪费，实现零浪费；最终实现拉动式准时化生产方式。

湖北荆州火车站在班组精细化管理的过程中，摸索出一套比较实用的方法，概括为：管精＋管细＝管好。

“管精”就是在车站的统一安排下，全站所有班组按工作岗位进行自我清理，明确各自班组的岗位、工种，在此基础上班组员工对全站76个工种制定了一日作业清单、一日作业标准，对所有工作岗位的操作规程、工量、工作标准进行明确和量化，确保管理到位。在“管细”上，班组结合自身窗口单位企业的实际，针对工作安排、管理和验收考核等方面不易注意的细枝末节，进行细致入微的提前预想，能量化的量化，能明确的明确，确保执行起来无差错。保证服务质量最优化，顾客最大化。

精细化生产方式生产出来的产品品种应能尽量满足顾客的要求，而且通过其对各个环节中采用杜绝一切浪费（人力、物力、时间、空间）的方法与手段满足顾客对价格的要求。它要求消除一切浪费，追求精益求精和不断改善，去掉生产环节中一切无用的东西，每个工人及其岗位的安排原则是必须增值，撤除一切不增值的岗位；精简产品开发设计、生产、管理中一切不产生附加值的工作。其目的是以最优品质、最低成本和最高效率对市场需求作出最迅速的响应。

精细化生产强调拉动式准时化生产，它以最终用户的需求为生产起点。强调物流平衡，追求零库存，要求上一道工序加工完的零件立即可以进入下一道工序。

走近山东日照港铁运公司机务段检修车间徐玉金班的门口，映入眼帘的是“细节决定成败”的标语牌，班组园地上方高高悬挂着“日照港精细化管理样板班组”的奖牌。

徐玉金班并不是把精细化管理理念、口号作为贴在班组墙上的“装饰品”，用来装点班组门面。像有的班组墙壁上贴有“质量重于泰山”等口号，但下面的生产现场却残次品堆积、废脚料乱放。徐玉金班是把“细节决定成败”理念融会到班组日常工作当中去，化作班组员工的每一个作业动作，每一句作业用语，促班组精细化管理取得实实在在的效益。

该班组实行的是“目标——分析——考核”管理。在该班修机车作业中，班组长根据过去工作经验，结合目前实际状况，精心制定作业标准，从机车入库、部件分解到配件清洗、拆装、验收等，都作了具体要求，并形成人人遵守的文字记录，实行程序化、标准化作业，这样做既能对班组作业进行精细化控制，同时也提高了作业效率。

精细化生产重视全面质量管理，它强调质量是生产出来而非检验出来的，由生产中的质量管理来保证最终质量。生产过程中对质量的检验与控制在每一道工序都进行。重在培养每位员工的质量意识，在每一道工序进行时注意质量的检测与控制，保证及时发现质量问题。如果在生产过程中发现质量问题，根据情况可以立即停止生产，直至解决问题，从而保证不出现对不合格品的无效加工。对于出现的质量问题，一般是组织相关的技术与生产人员作为一个小组，一起协作，尽快解决。

精细化生产重视团队工做法，每位员工在工作中不仅是执行上级的命令，更重要的是积极参与，起到决策与辅助决策的作用。组织团队的原则并不完全按行政组织来划分，而主要根据业务的关系来划分。团队成员强调一专多能，要求能够比较熟悉团队内其他工作人员的工作，保证工作协调顺利的进行。团队人员工作业绩的评定受团队内部评价的影响（这与日本独特的人事制度关系较大）。团队工作的基本氛围是信任，以一种长期的监督控制为主，而避免对每一步工作的稽核，提高工作效率。团队的组织是变动的，针对不同的事物建立不同的团队，同一个人可能属于不同的团队。

精细化生产重视并行工程，在产品的设计开发期间，将概念设计、结构设计、工艺设计、最终需求等结合起来，保证以最快的速度按要求的质量完成。各项工作由与此相关的项目小组完成。进程中小组成员各自安排自身的工作，但可以定期或随时反馈信息并对出现的问题协调解决。可依据适当的信息系统工具，反馈与协调整个项目的进行。还可以利用现代 CIM 技术，在产品的研制与开发期间辅助项目进程的并行化。

总之，精细化生产管理是使“在适当的时间使适当的东西到达适当地点”的制胜法宝，带给人们一种双赢的思想理念，其精髓是解决问题、消除浪费，实现品质零缺陷的跨越。随着产品和设备技术的日益更新，人们会愈加追求“零缺陷”的精细化生产，更加重视现场生产管理的细致化、果断化。

6　现场管理既要“见物”，更要“见人”

在企业管理活动中，无论在资金、人员、设备哪一个方面出现问题都会给生产带来困难。在开始时也许还不是那么严重，但是随着生产进程，问题就会变得越来越突出，甚至生产出现停顿，从而使整个企业的生产经营活动陷于瘫痪。所以，要维持企业的正常运作，就必须使所有的资源处于良好的、平衡的状态，加强现场管理，以有限的资源获得最佳的经济效益。这样，无论走进企业的哪一个现场，都能够比较清楚地知道该企业的管理水平，从而知道企业的经营状况，这是因为现场是企业管理活动的缩影，企业的主要活动都是在现场完成的。

现场管理就是运用科学的管理思想、管理方法和管理手段，对现场的各种生产要素，如人（操作者和管理者）、机（机器设备）、料（原料和零部件）、法（工艺和监测方法）、环（环境）、资（资金）、能（能源）、信（信息）等，进行合理配置和优化组合的动态过程，通过计划、组织、领导、协调和控制等管理职能，以保证现场按预定的目标，实现优质、高效、低耗、均衡、安全、文明的生产作业。它是一种生产现场的基础管理和综合管理。对于现代班组来说，所有现场管理的要件，都是为了最终实现整体效率的优化和提高。比起班组管理来说，生产现场管理有一个最大的不足之处，那就是往往忽视了员工积极性的调动与发挥，而这恰恰又是最有文章可做的地方。因此，班组的现场管理要坚决注意避免那种“见物不见人”的做法，既要“见物”，更要“见人”，避免走急功近利的弯路。

现场管理的基本内容是现场实行“定置管理”，使人流、物流、信息流畅通有序，现场环境整洁，文明生产。加强工艺管理，优化工艺路线和工艺布局，提高工艺水平，严格按工艺要求组织生产，使生产处于受控状态，保证产品质量。同时以生产现场组织体系的合理化、高效化为目的，不断优化生产劳动组织，提高劳动效率。它还要求健全各项规章制度、技术标准、管理标准、工作标准、劳动及消耗定额、统计台账等，并且要建立和完善管理保障体系，有效控制投入产出，提高现场管理的运行效能。搞好班组建设和民主管理，充分调动员工的积极性和创造性。

企业管理一般可分三个层次，即最高领导层的决策性管理、中间管理层的执行性与协调性管理、作业层的控制性现场管理。现场管理属于基层管理，是企业管理的基础。基础工作健全与否，直接影响现场管理的水平。通过加强现场管理，又可以进一步健全基础工作。加强现场管理要从基层建设、基本功训练、基本素质的提高来开展。

现场管理是从属于企业管理这个大系统的一个子系统。人、机、料、法、环、资、能、信等生产要素，通过生产现场有机的转换过程，向环境输出各种合格的产品或服务。同时，反馈转换中的各种信息，以促进各方面工作的改善。系统性特点要求生产现场必须实行统一指挥，不允许各行其是。各项专业管理虽自成体系，但在生产现场必须协调配合，服从现场整体优化的要求。

现场管理的核心是人。人与人、人与物的组合是现场生产要素最基本的组合，不能见物不见人，要既见物，又见人。现场的一切生产活动、各项管理工作都要现场的人去掌握、去操作、去完成。优化现场管理仅靠少数专业人员是不够的，必须依靠现场所有员工的积极性和创造性，动员广大员工参与管理。

A工厂是一家有着近十年历史的国有企业，员工400人左右，生产部门是三个车间，每个车间有4—6个班组不等，每个班组有15—20人左右。2006年前应总公司要求调整现场管理组织结构建立工段，于是每个车间成立了两个工段，每个工段下辖两个或者三个班组，这样就形成了工厂—车间—工段—班组四级管理的组织结构。这个工厂的现场管理在目前众多的中小型企业里面应是比较典型的，不能说它混乱，但也谈不上让人满意。现场可以看到工厂推行的各种管理方式的痕迹，有工厂质量部门开展定置管理时绘制的车间平面布置图挂在车间门口，可如果你按照这张图去走可能会迷失方向；有技术部门编制的工艺贴在岗位上，但看得出已很久没人碰过；安全部门在车间也挂了“安全第一”等标语，安全承包也是该厂安全管理的主要方式；班组建有人员、成本台账，但上面只是寥落记了几笔。之所以说“看到各种管理方式的痕迹”，是因为这些管理方式都不能在现场坚持下来，很多最后都只剩了形式甚至连形式也丢掉了。如果找一些车间主任、工段长和班组长聊一聊，问他们每天在做些什么，他们会回答说：“完成生产任务，当然还得注意安全和保证质量。”他们的回答是正确的，但如果继续问下去，他们是从哪几个方面考虑进行现场管理，每一方面工作具体有哪些措施，以及当前自己现场的管理状况处于什么水平；那么他们的回答就只能是一些支离破碎、没有系统的答案。实际上这样的问题如果要工厂职能部门的管理人员来回答，同样是难以让人满意。

这是我们典型的制造企业的现场管理状况。现场管理不尽如人意，而陆陆续续推进的一些管理方法也不能在现场生根发芽，十年如一日，现场没有什么变化。其中最主要的问题就是现场管理缺乏系统性，没有建立起一个完整的现场管理体系，一个制造企业的现场管理应该管什么、怎么管和怎样评价自己管得如何，没有人整体、系统地以现场为出发点和中心去考虑这些问题，并把这些内容形成一个系统的管理体系。各个职能部门从自己专业管理角度出发，在现场推行各种管理方法，让现场不知所措，而且由于推行的管理方法得不到现场人员的理解和贯彻，于是只能是浅尝辄止走走形式。

在现场管理中，为了提升现场沟通交流的手段和改善沟通的渠道来节约时间、达到产品品质控制的目的，班组长首先要提高信息交流的手段。信息交流一般可以采用声音、图像、身体语言、刺激对方的嗅觉等方式来实现。在日常生活中，以声音和图像交流为主。因此，在生产现场的交流中，班组长更多的是要训练自己的口头表达能力、书面报告能力及表单的制作能力。如果有条件，一些电子通信工具的使用对于提升交流的手段也是比较重要的。所以，在信息交流时，班组长要注意提升信息交流的手段和改善信息交流的渠道。

因为生产管理现场的沟通是信息全通道型交流，生产现场发出的信息需要得到及时反馈，否则生产、物流、销售便会受到影响。为了得到及时反馈，班组长要改善信息沟通的渠道，必须在第一时间将信息向外发出去，同时也要求在第一时间接收并继续反馈，实现关于生产物流、销售、信息的来回交流。班组内也应该形成这样的小循环，这样可以大大地节约决策时间，节省时间成本。具体如现场管理是要严格执行操作规程、遵守工艺纪律及各种行为规范。现场各种制度的执行、各类信息的收集传递分析利用需要标准化。要做到规范齐全并提示醒目，尽量让现场人员能看得见、摸得着，人人心中有数。

生产现场具备经营实体所必备的基本要素，生产现场相当于一个经营实体，管理一个部门就是经营一个部门。现场主管应充分发挥个人主观能动性和集体智慧，使企业配置到生产现场的资源创造最大效益。所以，生产现场搞得好不好，就在于现场管理者当得好不好。每个生产现场都是一块小天地，现场管理者应该自主思考：我这块小天地该怎样管理，该做哪些事情，怎样做好，还有哪些不足。

在此基础上，现场管理还要全面完成生产计划规定的任务，消除生产现场的浪费现象，优化劳动组织，搞好班组建设和民主管理，加强定额管理，降低物料和能源消耗，优化专业管理，组织均衡生产，实行标准化管理，加强管理基础工作，治理现场环境。同时也应注意到，现场种种生产要素的组合，是在投入与产出的转换过程中实现的。现场管理应根据变化的情况对生产要素进行必要的调整和合理配置，提高现场对市场环境的适应能力，从而增加企业的竞争力。

7 “看得见的管理”

目视管理是利用形象直观、色彩适宜的各种视觉感知信息来组织现场生产活动，达到提高劳动生产率目的的一种管理方式。它是以视觉信号为基本手段，以公开化为基本原则，尽可能地将管理者的要求和意图让大家都看得见，借以推动自主管理、自我控制。所以目视管理是一种以公开化和视觉显示为特征的管理方式，也可称之为“看得见的管理”。目视管理的目的是以视觉信号为基本手段，以公开化为基本原则，尽可能地将管理者的要求和意图让大家都看得见，借以推动看得见的管理、自主管理和自我控制。

目视管理以视觉信号显示为基本手段，大家都能够看得见。它以公开化、透明化为基本原则，尽可能地将管理者的要求和意图让大家看得见，借以推动自主管理和自主控制。现场的作业人员可以通过目视的方式将自己的建议、成果、感想展示出来，与领导、同事以及工友们进行相互交流。

为了维护统一的组织和严格的纪律，保持企业生产所要求的连续性、比例性和节奏性，提高劳动生产率，实现安全生产和文明生产，凡是与现场工人密切相关的规章制度、标准、定额等，都需要公布于众；与岗位工人直接有关的，别展示在岗位上，如岗位责任制、操作程序图、工艺卡片等，并要始终保持完整、正确和洁净。

目视管理的工具有很多，其一是红牌。红牌适宜于7S中的整理，是改善的基础起点，用来区分日常生产活动中非必需品，挂红牌的活动又称为红牌作战。其二是看板。用在7S的看板作战中，使用的物品放置场所等基本状况的表示板。它的具体位置在哪里，做什么，数量多少，谁负责，甚至说，谁来管理等等重要的项目，让人一看就明白。因为7S的推动，它强调的是透明化、公开化，因为目视管理有一个先决的条件，就是消除黑箱作业。其三是信号灯或者异常信号灯。在生产现场，第一线的管理人员必须随时知道，作业员或机器是否在正常地开动，是否在正常作业，信号灯是工序内发生异常时，用于通知管理人员的工具。其四是操作流程图。操作流程图本身是描述工序重点和作业顺序的简明指示书，也称为步骤图，用于指导生产作业。在一般的车间内，特别是工序比较复杂的车间，在看板管理上一定要有操作流程图。原材料进来后，第一个流程可能是签收，第二个工序可能是点料，第三个工序可能是转换，或者转制，这就是操作流程图。其五是反面教材。反面教材一般是放在人多的显著位置，让人一看就明白，这是不能够正常使用的，或不能违规操作。其目的就是让现场的作业人员明白，也知道违规操作的不良的现象及后果。其六是提醒板。提醒板用于防止遗漏。健忘是人的本性，不可能杜绝，只有通过一些自主管理的方法来最大限度地减少遗漏或遗忘。其七是区域线。区域线就是对半成品放置的场所或通道等区域，用线条把它画出，主要用于整理与整顿，异常原因，停线故障等，用于看板管理。其八是警示线。警示线就是在仓库或其他物品放置处用来表示最大或最小库存量的涂在地面上的彩色漆线，用于看板作战中。其九是告示板。告示板是一种及时管理的道具，也就是公告，目的是让大家都知道，比方说今天下午两点钟开会，告示板就是书写这些内容的。其十是生产管理板。生产管理板是揭示生产线的生产状况、进度的表示板，记录生产实绩、设备开动率、异常原因(停线、故障)等，用于看板管理。

在实施目视管理的过程中，数据成为了班长老陆最基本的管理工具。他所使用的班组数据可以分为数字数据、图文数据两大类型。数字数据最常见，在班组管理中应用也最为广泛，而图文数据在一定的环境中有特殊作用。老陆经常尽可能地通过使用数据更精准地表达他的意思，使班组制度、标准、规则简单明了，可操作性强。例如，关于产品保质期，他就写

"5℃—25℃保质六个月"，而不是写"常温下保质六个月"，因为前者是比后者能够说明得清楚。图文数据，也就是一些图片资料，也是老陆经常用的目视管理载体，有些情况下图文数据比数字数据更直观、更有说服力。比如由于各种各样的事故、意外，造成班组停工，这个时候，老陆就经常把现场拍摄下来，留档备查。这对于分析事故原因，为上级处理提供依据，大有益处。因为图片是第一时间拍摄的，没有任何人为变动的痕迹，所以说服力最强。

另外，陆班长还经常对班组员工作业动作进行拍摄，然后观察、对比、发现不足，进而寻找改善的方法。他发现，这样可以使操作变得更加合理，避免不必要的动作浪费。

目视管理手法在班组中的应用可以让潜在问题显著化，使班组员工一看就懂，一学就会，对班组管理的改善很有好处。尤其是花费不多的管理看板的应用，成为老陆班组提高效率、避免差错的强大手段。

为了让管理看得见，目视管理注意突出生产任务与完成情况的图表化。现场是协作劳动的场所，因此，凡是需要大家共同完成的任务都应公布于众。计划指标要定期层层分解，落实到车间、班组和个人，并列表张贴在墙上；实际完成情况也要相应地按期公布，并用作图法，使大家看出各项计划指标完成中出现的问题和发展的趋势，以促使集体和个人都能按质、按量、按期地完成各自的任务。

在实际的管理过程中，目视管理常常与实现视觉显示信息的标准化。在定置管理中，为了消除物品混放和误置，必须有完善而准确的信息显示，包括标志线、标志牌和标志色。因此，目视管理在这里便自然而然地与定置管理融为一体，按定置管理的要求，采用清晰的、标准化的信息显示符号，各种区域、通道，各种辅助工具（如料架、工具箱、工位器具、生活柜等）均应运用标准颜色，不得任意涂抹。

目视管理侧重生产作业控制手段的形象直观与使用方便化。为了有效地进行生产作业控制，使每个生产环节，每道工序能严格按期量标准进行生产，杜绝过量生产、过量储备，要采用与现场工作状况相适应的、简便实用的信息传导信号，以便在后道工序发生故障或由于其他原因停止生产，不需要前道工序供应在制品时，操作人员看到信号，能及时停止投入。例如，“看板”就是一种能起到这种作用的信息传导手段。各生产环节和工种之间的联络，也要设立方便实用的信息传导信号，以尽量减少工时损失，提高生产的连续性。又例如，在机器设备上安装红灯，在流水线上配置工位故障显示屏，一旦发生停机，即可发出信号，巡回检修工看到后就会及时前来修理。生产作业控制除了期量控制外，还要有质量和成本控制，也要实行目视管理。例如，质量控制，在各质量管理（控制）点要有质量控制图，以便清楚地显示质量波动情况，及时发现异常，及时处理。车间要利用板报形式，将“不良品统计日报”公布于众，当天出现的废品要陈列在展示台上，由有关人员会诊分析，确定改进措施，防止再度发生。

目视管理要求物品的码放和运送的数量标准化。物品码放和运送实行标准化，可以充分发挥目视管理的长处。例如，各种物品实行“五五码放”，各类工位器具，包括箱、盒、盘、小车等，均应按规定的标准数量盛装，这样，操作、搬运和检验人员点数时既方便又准确。

目视管理注重现场人员着装的统一化与实行挂牌制度。现场人员的着装不仅起劳动保护的作用，在机器生产条件下，也是正规化、标准化的内容之一。它可以体现职工队伍的优良素养，显示企业内部不同单位、工种和职务之间的区别，因而还具有一定的心理作用，使人产生归属感、荣誉感、责任心等，对于组织指挥生产，也可创造一定的方便条件。

挂牌制度包括单位挂牌和个人佩戴标志。按照企业内部各种检查评比制度，将那些与实现企业战略任务和目标有重要关系的考评项目的结果，以形象、直观的方式给单位挂牌，能够激励先进单位更上一层楼，鞭策后进单位奋起直追，个人佩戴标志，如胸章、胸标、臂章等，其作用同着装类似。另外，还可同考评相结合，给人以压力和动力，达到催人进取、推动工作的目的。

目视管理形象直观，有利于提高工作效率。现场管理人员组织指挥生产，实质是在发布各种信息。操作工人有秩序地进行生产作业，就是接收信息后采取行动的过程。在机器生产条件下，生产系统高速运转，要求信息传递和处理既快又准。如果与每个操作工人有关的信息都要由管理人员直接传达，那么不难想象，拥有成百上千工人的生产现场，将要配备多少管理人员。

目视管理为解决这个问题找到了简捷之路。它告诉我们，迄今为止操作工人接受信息最常用的感觉器官是眼、耳和神经末梢，其中又以视最为普遍。可以发出视觉信号的手段有仪器、电视、信号灯、标识牌、表等。其特点是形象直观，容易认读和识别，简单方便。在有条件的岗位充分利用视觉信号显示手段，可以迅速而准确地传递信息，无需管理人员现场指挥即可有效地组织生产。

8 “7S”是最佳的推销员

“7S”是指 SHITSUKE（素养）、SEIRI(整理)、SEITON(整顿)、SEISO(清扫)、SEIKETSU（清洁）、SECURITY（安全)和 SAVE(节约)七个项目,因均以“S”开头,因此简称“7S”。“7S”活动不仅能够改善生产环境,还能提高生产效率、产品品质、员工士气,是其他管理活动有效展开的基石之一。“7S”起源于日本,通过规范现场、现物,营造一目了然的卖场环境,培养员工良好的工作习惯,其最终目的是提升人的品质:革除马虎之心,养成凡事认真的习惯(认认真真地对待工作中的每一件“小事”、每一个细节),养成遵守规定的习惯,养成自觉维护卖场环境整洁明了的良好习惯,养成文明礼貌的习惯。“7S”是最佳的推销员,它至少在行业内被称赞为最干净、整洁的工场。它热忱的工作精神、高度对顾客负责的精神让人们为之感动,忠实的顾客就会越来越多。这样知名度不断提高,让很多人慕名而来参观。人们争着来公司工作,都以购买这家公司的产品为荣。

具体到“7S”的各项事宜,素养就是要努力提高人员的素养,养成严格遵守规章制度的习惯和作风。素养是“7S”活动的核心,没有人员素质的提高,各项活动就不能顺利开展,即便是开展了也坚持不下去。素养的目的是提升“人的品质”,使员工成为对任何工作都非常认真的人。素养的目的就是要培养具有好习惯、遵守规则的员工,提高员工文明礼貌水准,营造团体精神,长期坚持,才能养成良好的习惯。

整理就是彻底将要与不要的东西区分清楚,并将不要的东西加以处理,它是改善生产现场的第一步,可以按照以下步骤进行。一是现场检查。对工作现场进行全面检查,包括看得见和看不见的地方,特别是不引人注意的地方。如设备和桌子底部、文件柜顶部等。二是清除非必需品。在对工作场所全面检查后,要将所有物品逐一判别,分清哪些是“要”的,哪些是“不要”的。清理非必需品的原则是看该物品现在有没有“使用价值”,而不是原来的“购买价值”。对哪些暂时不需要的物品进行整顿时,如不能确定今后是否有用,可根据实际情况设定一个保留期限。三是处理非必需品。对贴了非必需品标记的物品,必须逐一地核实现品实物和票据,确认其实用价值。若被确认为非必需品,则应该具体决定处理方法,填写非必需品处理栏目。一般对非必需品采取改用、修理、卖掉、废弃等处理方法。

整顿即把有用的物品依照规定整齐摆放并清楚标志,其目的是使工作场所物品一目了然,以减少或消除寻找物品的时间。整理工作一定要落实到位。如果整理工作没有落实到位,不用的物品置于作业现场使空间变得狭小,这不仅浪费资源,还会浪费管理时间,例如库存管理或盘点损耗的时间浪费等,零件或产品因长期存放而变旧、变质或者过期造成不能使用的浪费等。生产现场的所有物品都要标志清楚。物品的标志应结合目视化管理方法。物品和其所放置的场所,原则上是一对一标志,常用的标志方法有标牌、标签、显示板等。

胡晟是浙江省某民营企业的老板,他20岁那年开始做小工帮人家送货,后来做起小生意,当时适逢内衣制造业迅猛发展起来,他就选择了做内衣的加工。于是,家里的亲朋好友前来帮忙打理,工厂越做越大,员工人数达500多人;李老板本应该开心,可他犯愁了——工厂应该赚钱才对,可是除去开支、每年银行的贷款所剩无几。他自己每天都忙忙碌碌工作,工厂根本没有什么进展,企业要做大他就更没信心了。

他经常到车间巡视,每天安排四个搬运工搬运车间的半成品,车间主任还说杂工太少,如要增加搬运工,但人工成本又增加,这如何是好?各车间的成品、不良品、半成品及原料到处乱放,无标识,无区分,有时候出货时少数量,找不到,出货后又冒了出来,让人哭笑不得。机修师傅的工具和员工的工具随地乱放,常常遗失,又申请购买。有时工人常常吵架,怀疑有人偷窃。

机台有时候突然损坏，一修就是半天，还缺少零部件；电平车、缝车等根本没保养，一坏就是半天，找不到零配件；在车间现场，私人物品到处乱放，衣服、雨伞、梳子等有放在机器内，放在窗户上。在车间，有的工人打电话，有的听收音机，有的干脆就把耳机插在耳朵内，不取下来。地面很脏，天花板上的蜘蛛网联成一遍，出货的电梯门敞开，曾经还发生事故。员工士气不振，管理人员都说管理太难，员工太刁，人员不好处理。许多管理人员说，这些都是小问题，能出货，客户的钱能收回就好。更让人心烦的是，出货老是延期，产品质量无法控制，客户抱怨加大，成本增加，产品价格又下降。

这是典型的"7S"管理失败的案例，对于胡晟来说，首先在企业内要形成制度，企业小靠的是人情，做大点靠的是制度，再大点是做文化。管理者要规划自己的组织结构，明确各自职责，一定要清晰和细腻。作业指导书、质量标准、各部门的工作衔接要理清。同时，企业还要有监督机制，凡事要有计划，要执行，并监督是否有效的执行，企业的执行力不行，管理人员无责任心，一定要培植；同时要建立绩效考评机制，管理人员及工人不仅要与生产业绩，还要与质量挂钩，还有他们的敬业精神和协调方面也要挂钩。胡老板还必须做到生产要数据化，每天的生产数量及质量要有统计报表，要分析，要改善，并要做预防措施。没有数据，无法管理好自己的工厂。胡晟还要有持续改进的意识，企业没有最好，只有更好，管理者要善于发现问题、分析问题和解决问题。

清扫就是彻底地将自己的工作环境四周打扫干净，设备异常时马上维修，使之恢复正常。清扫活动的重点是必须按照决定清扫对象、清扫人员、清扫方法、准备清扫器具、实施清扫的步骤实施，方能真正产生效果。清扫的主要工作是清扫油污、灰尘、垃圾等，保持职场内干干净净、明明亮亮，避免影响产品质量，同时也是为了避免发生工业伤害。其核心法则就是要做到责任化、制度化。

清洁是指对整理、整顿、清扫之后的工作成果要认真维护，使现场保持完美和最佳状态。清洁是对前三项活动的坚持和深入。清洁活动实施时，需要秉持三个观念：只有在清洁的工作场所才能产生出高效率、高品质的产品；清洁是一种用心的行为，千万不要只在表面下工夫；清洁是一种随时随地的工作，而不是上下班前后的工作。清洁的目的是通过制度化来维持成果。

安全就是要维护人身与财产不受侵害，以创造一个零故障、无意外事故发生的工作场所。安全实施的要点是；不要因小失大，应建立、健全各项安全管理制度；对操作人员的操作技能进行训练；勿以善小而不为，勿以恶小而为之，全员参与，排除隐患，重视预防。建立起安全生产的环境，是所有工作的前提。

节约就是对时间、空间、能源等方面合理利用，以发挥它们的最大效能，从而创造一个高效率、物尽其用的工作场所。节约实施时应该秉持三个观念：能用的东西尽可能利用；以自己就是主人的心态对待企业的资源；切勿随意丢弃，丢弃前要思考其剩余的使用价值。节约是对整理工作的补充和指导。在我国，由于资源相对不足，更应该在企业中秉持勤俭节约的原则。

“7S”是品质零缺点的护航者。员工有很强的品质意识，按要求生产，按规定使用，能减少问题发生。检测用具正确使用保养，保证品质要求。“7S”是确保品质的先决条件。优质的产品来自优质的工作环境。发生问题时，一眼就可以发现。工厂如果没有“7S”就发现不了异常（或很迟才发现）。早发现异常必然能尽早解决问题，防止事态进一步严重。所用的调查时间减少，节省人力物力。

“7S”是节约能手——降低成本、提高效率。“7S”能减少库存量，排除过剩生产。降低机器设备的故障发生率，延长使用寿命。减少卡板、叉车等搬运工具的使用量。减少不必要的仓库、货架和设备。寻找时间、等待时间、避让调整时间最小化。减少取出、安装、盘点、搬运等无附加价值的活动。

“7S”可以创造出快乐的工作岗位。“7S”使工作场地明亮、干净，不会让人厌倦和烦恼。“7S”让员工都亲自动手进行环境改善。“7S”让员工乐于工作,更不会无故缺勤旷工。“7S”能给人“只要大家努力,什么都能做到的”的信念,创造出有活力的工作现场。“人造境环境育人”,员工通过对修养、整理、整顿、清扫、清洁、安全和节约的学习遵守,使自己成为一个有道德修养的人,整个公司的环境面貌也随之改观。没有人能完全改变世界,但可以使她的一小部分变得更美好,公司以此为基础能更好地发展壮大下去,7S 方不负最佳“推销员”的美名。

9 榜样的力量是无穷的

榜样的力量是无穷的,从我们喜欢树榜样、三百六十行,行行有榜样的实践看,这好像是我们独到的信仰,其实不然,无论今人、古人,华人、西人,大约皆是奉其为真理的。因为有榜样,所以有“粉丝”。在班组工作中,就是要以榜样的力量要制造粉丝,带动粉丝,让更多的“粉丝”也像榜样那样工作,这样才能让工作全面开花,让事业蒸蒸日上。

榜样即是典型。抓好典型,带动一般,是常用的、重要的管理方法。这种方法在传统的组织管理工作中适用,在现代管理中仍然适用,但是在实际工作中,很多班组长却不会抓典型,或者手中无典型,或者典型的先进性、说服性不强,或者典型畸形成长,中途夭折。

班组长要抓好典型,必须善于发现典型。有时班组里就有诸如技术革新、节约、提合理化建议等的好典型。班组长却看不见,出现“守着先进找典型,拿着金子当黄铜”的现象,使这些好典型得不到宣传,也使他们的典型价值得不到扩展。一个很重要的原因就是有些班组长苛求典型的完美无缺。实际上,任何典型都不可能是完美无缺、十全十美的,只是他们的某方面的缺点并不会影响他成为典型。作为一个典型,只要主流和本质是好的,代表了时代精神和发展方向,在本班组、本行业属于拔尖的,就要敢于肯定、宣扬和树立他,不要追求尽善尽美,不要怕一些人的闲言碎语。不要把典型神圣化，典型也有一个不断完善和不断成熟的过程。

发现典型，只是抓好典型的基础，要使典型健康成长，具有说服力，发挥典型的作用，还必须正确培养典型。不仅要有目的地让他们担任一些重要的任务，让其得到锻炼、磨炼，多做贡献，还要关心他们，帮助他们解决实际困难和问题。在培养典型时，还应该注意以下几个问题：

◆不要使典型成为特殊人。在典型的成长过程中，适当的支持是必要的，但如果把典型当作班组的特殊人看待，就会使培养典型的工作出现偏颇，是不可取的。

◆自己班组里出现了典型，引来了其他班组的学习和羡慕，这是件很光荣的事，但有些班组长怕影响生产任务的完成，减少典型的经验介绍和交流，这是不可取的。

◆正确处理典型的输出和输入关系。典型的汇报、介绍、写材料、参加会议等输出太多，必然入不敷出，使典型枯竭。所以，要让典型在输出、放光的同时，有巩固、提高、创造的机会。尽量减少一些不重要的会议、经验介绍，让其把精力多放在实际工作上，帮助他们不断创造新的成绩，这样才能使典型的生命力大大增强。

典型是先进的代表，宣传典型，号召大家学习班组出现的好典型，是理所当然的。但是，对典型的宣传一定要客观，要实事求是，在着重宣传典型先进的、好的、正面的东西的同时，对差的地方不要掩盖，也要摆出来，尽量给大家一个立体的、活的典型，让人们对典型有个全面的认识。宣传典型切记不要夸大事实，也不要把话说得很满，很绝，把八分成绩说成十分，把一般的夸大为惊人的，把普通的困难渲染成了不起的困难，把许多其他班组和个人的成绩都记在典型的名下。同时还要注意不要随意拔高。许多典型的夭折，就是因为把还在成长过程中的幼苗吹成参天大树，把含苞待放的花蕾当成早已成熟的果实来宣扬，把某些支配行动的朴素思想随意升华到高得不能再高的精神境界造成的。

张强是一位本科毕业的大学生，刚分配到某大型高科技国有企业工作。进单位后不久，张强很快就崭露出了他在专业方

面的才华，他是学机械制造的，尽管他在制造第一线，却对设计情有独钟。工作半年后，他就针对机器运行的状况，一一列出了现存的问题与弊端，提出了详细的改进意见。为此他还设计出了一个相当复杂的图纸，其设计水平已达到国际顶尖水平。车间主任刘上鸿看到后非常惊讶，马上将图纸交到总设计室。经过充分论证，这份图纸完全可以作为目前制造设备的升级版来加以生产。一年后，机器生产出来了，经用户试用，这台复杂的大家伙果然比原来的机器生产的模具更耐用，且效率更高。公司非常高兴，将张强评为先进生产个人，将他提升为车间副主任，并把他树为典型，号召企业全体员工都向他学习。

不久，这家企业承担了一项国家重要高科技产品的制造任务。作为一项政治任务，企业领导集中了全部技术力量，不敢出丝毫差错。企业严格按照计划推进每一个零部件的生产加工，在大家废寝忘食的工作下，全部零部件加工如期完成，开始了总装作业。结果万万没有想到，因为副主任张强没有仔细检查，一条螺栓未解开，在吊装过程中有一块部件被吊机拉掉了，在场的人顿时傻了眼，谁也没有预料到这件事情会有这么严重的后果。但无论如何，延期重新加工和材料的浪费无法避免。下班的时间早已过了，却没有一个人有心情回家吃饭，张强心里更是异常窝火。

结论出来了，这件事被定为低级人为事故。车间副主任张强认为这一事故是由于自己平时管理不善，并未作最后确认而造成的，承担了主要责任，并且主动在全厂大会上作检讨。车间主任刘上鸿客观评价了这件事，也做了自我批评。厂长将这件事作为反面典型在大会小会上频繁提及作为警示。车间副主任张强还被扣除了所有奖金，损失了几千元。车间主任及其手下的员工们也被扣除了部分奖金。

刘上鸿主任想，出了这样的事故，不能简单一罚了之，应该将事故作为一个宣传安全管理的重要契机。于是他不仅在各种会议上讲述这次教训，还做了块展板用以说明整个事故发生的过程，把拉坏的工件嵌在上面，放在车间门口，每天警醒着上下班的工人。此后，工厂的生产质量的确有了显著提高。

厂长意识到了车间主任高度的责任心，对于车间主任积极补救的做法给予了高度赞扬，结果这件事又成了正面的事例典型。

事物的更替、转化都是正常的，典型也不能是终身制。一个好的典型，如果不再努力或努力不够，或者客观条件的变化，变得相对落后了，就应该用新的典型去代替他。因此，我们对待典型要实事求是，对确实始终保持先进的，要宣传、表扬；对已经落后的，也不要让他硬撑着；当然也不要上时人人扶，下时无人管。要提倡典型竞争，让典型有对手。有对手才能有比劲、有争劲、有活力；有对手才能见高低，才能让典型看到不足，才能感到有压力，也才能使典型不断进步，也才能促进新的典型不断脱颖而出。

10 分派任务是一门技术活

班组长是班组中的领导者，对班组内的生产有组织、指挥、协调、管理的义务和权力，但如何使自己的这些权力发挥到极致，使班组人尽其才、各有所为，这就需要班组长能很好地分配自己组内的工作。作为班组长，应较全面地了解自己的员工，掌握员工的做事风格，并分派好他们的工作。例如，对于新进员工，应尽量把那些不易发生问题的产品分给他们去做；对于熟练的员工，则要让他们做难做的事情，以创造信任，增强员工的自信心。在给员工分派工作时，班组长需要把握的一个总的原则是，让员工乐于工作。这样才能做出成绩。对班组长来说，怎样分派工作，让什么人做什么工作，这是一门很有技术含量的活。

班组长分配工作应首先考虑分配对象能否完成任务，并保证总体目标的实现。但是如果忽视和放松对组员的培养和工作积极性的调动，也会带来组织生机活力的减弱和后劲的不足。正确的指导思想是远近结合，既注重眼前任务的完成，又要注意从长计议，在培养人才增强后劲上下功夫。

在同等条件下，班组长分配工作标准要平等待人、公平合理，否则你的组员必定会产生不满。但是，在内在素质、外在条件等因素均有差异的情况下，既要一视同仁，从严要求，又要因人而异有所区别。

在需要多人紧密配合才能完成一项具体任务的情况下，在确定人员、明确职责和具体分工时，既要充分发挥各自的特长，又要注意发挥他们之间的合力和互补作用，力求做到使其心理上相融，性格上相抑，能力上互补，达到最佳效果。

Z公司是国内实施知识管理较早的IT企业，他们有一个传统就是只分派给员工们他们熟悉的事情。在公司自己开发的办公管理系统中，每个员工一打开自己的电脑，就可以清楚地看到上级管理者分派给自己的工作及完成时间要求，这些工作都是他们所熟悉的。员工必须明确答复能否按时完成。此外，每位员工每天都要填写规定格式的工作日程表，该表记录了员工与客户的联络情况、成果如何、每项工作进展及花费的时间。

应该看到，一个人身上的长处和短处不是固定不变的。班组长在分配工作时在允许的条件下，要力求扬长避短，尽量照顾各自的特长，使其有用武之地，其实质就是让熟悉的人做熟悉的事，这对调动积极性，搞好工作是非常有益的。但是，当一个人对自己短处有了深刻的认识和改正的决心，并希望上级考验时，采用短兵长用的方法，往往会收到意想不到的效果。

在向下属组员分派工作之前，班组长需要把为什么选其完成某项工作的原因讲清楚。关键是要强调积极的一面。班组长要向组员指出，他的特殊才能很适合完成此项工作的，还必须强调自己对他的信任程度，像

“这是一件重要工作，我确信你能做好它”这样的话，可以对组员发挥很大的激励作用。同时，要让组员知道他对完成工作任务所负的重要责任；让他知道是否完成工作任务对他目前和今后在组织中的地位会有直接影响。

在解释工作的性质和目标时，班组长要向组员讲出所知道的一切。不要因为没有讲完所掌握的资讯，而给组员设下工作的障碍。班组长要把所有的目标全部摆出来：谁要求做这件工作的，要向谁报告工作，服务对象是谁等等。还要把自己在这个工作领域的体验也告诉组员，让他们了解过去的一些事情是怎样处理的，得到了一些什么结果等。如果可能，尽量列出事实、数量和具体目标。那种“这件事需要快办”的说法不是对工作的充分解释。

株洲重型装备制造有限公司是一个大型国有企业，成立很早，兵强马壮，业务涉及国际和国内很多省份。以一贯高质量的品质博得本行业各界的普遍赞誉和尊敬。

不久前，其第三设计室内分配来一位新人祈红红，她是一所名牌工科大学毕业的研究生，才毕业不到一年，之前在一家公司干过一段时间，有不少的经验，对装备的设计也非常熟悉。祈红红很为能跳槽到兴业装备制造有限公司工作而感到很高兴。她很喜欢设计室主任分配给她的设计任务，尽管觉得担子不轻，但却是很好的锻炼机会，业务提高快。她也认为这表现了对她的器重，能充分运用她刚从学校学来的新知识，一展抱负。她在工作中埋头苦干，全身心都投到设计任务中。小苏对工作很认真，碰上困难问题，她会自动加班到深夜，查文献，翻资料，上计算机室，总要尽快搞个水落石出。因为她这样坚忍不拔，再加上基础扎实，所学的知识又新，所以总是比别的同事早好几天就完成了分派给她承担的那部分设计任务。

给组员规定一个完成工作的期限，是委派工作时的一个有效办法。你要让他知道，除非在最坏的环境条件下才能推迟完成工作的期限。向他讲清楚，完成工作的期限是怎样定出来的，为什么说这个期限是合理的。另外，还要制定一个报告工作的程序，告诉他什么时间带着工作方面的资讯向你报告工作；同时，你也要向他指出，要检查的工作的期望结果是什么，使他明确要求，不带着稀里糊涂的概念去工作。总之，要记住，委派好工作，不仅能节约时间，还可以在组员中创造出一种畅快的工作气氛。

由于班组生产中工作形式多种多样，工作情况千变万化，因此班组长要把握的一个总则就是让组员做他们喜欢而且能做的工作，其中的“技术含量”一点也不比攻克一个高坚项目低。

第五章　建立共同愿景，促进班组学习

共同愿景应是个人愿景的最高境界和集中体现，它激发个人对生命崇高意义的追求，为着一个远远超出个人利益之上的目标而奋斗。作为学习型组织，必须鼓励其组织成员个人愿景，发展自己的团队愿景，从而建立共同愿景。班组的学习也是团队学习，它需要一个优化的环境，其目的是为了实现班组效益的更大化。

1 愿景是学习型班组的导航灯

所谓愿景，就是由组织内部的成员所制订，藉由团队讨论，获得组织一致的共识，形成大家愿意全力以赴的未来方向。愿景是组织未来的一个充满了希望和理想的基本“面貌”，是召唤组织要达到的目标，组织围绕它展开灵活的行动。愿景是学习型班组的导航灯愿景，是企业更高层次的追求，介于信仰与追求之间，是企业的中期追求，类似于人们常说的理想。愿景比信仰低一层（信仰通常是永恒不变的），比追求高一层（追求通常是短期的）。

愿景是人们永远为之奋斗希望达到的图景，它是一种意愿的表达，愿景概括了未来目标、使命及核心价值，是哲学中最核心的内容，是最终希望实现的图景。愿景所陈述的个人或组织的经营哲学、理念、方向和原则，对别人和组织的行为能否起指导作用，能否帮助组织成员从内心渴望归属于一次重要任务，确立创造性的工作观。有了“愿景”就如同有了一贴“清醒剂”，因为它清清楚楚地为组织勾勒了现实可信的、胜似当前的将来，引领组织成员重振激情，克服困难，继续成长。

在创建学习型班组的道路上，也必须建立起一个大家共同认可的愿景。如果缺乏催人奋进的共同愿景，一个团队不会产生真正的学习力，也不会产生新的行为，更不会取得辉煌的成绩。

每一个班组都希望建立起一个良好的班组愿景。衡量一个班组愿景好坏的标准，当然首先在于它的内涵，能否体现出每个成员内心深处愿意为主奉献的积极心声。除此之外，好的愿景还必须具备以下四项特征：

◆愿景是清晰的、简明扼要的表述，能被员工们真正掌握、充分理解它的含义，起到引领大家朝着正确方向迈进的作用；

◆愿景是前瞻的，能勾画出一个组织长远的、全局的、持久的、整体的图像；

◆愿景是独特的，真正体现出组织的核心目的、核心价值观和长远目标，因而它必须是内生的愿景；

◆愿景是共识的，从而能真正内化在全体员工的心中。

工业时代人们工作是为了生存，具有比较浓厚的打工意识，而愿景强调将个人的希望和理想融入到组织的使命中，工作是生命的重要组成部分，企业是实现自己生命价值的平台。当企业实现其愿景时，个人的生活质量亦将大大提高。有了愿景，人们关心的不再是个人短期利益，而是致力于如何实现企业的愿景，进而大大激发潜能。

因为这时候目标不再是你的或我的，而是我们的目标。就如同中国举办奥运会是全国人民的愿景，而不仅是北京市市长个人的目标。全面实现小康将是中国人民今后二十年的共同愿景，这一愿景凝聚了全国人民的智慧，这一愿景深得人心，鼓舞全国人民共同为之努力。

愿景是高于现实的愿望，这个愿望是具体的、明确的、清楚的，当我们用语言描述它的，会在脑海里出现一幅生动的图像，它凝聚了组织最核心的价值理念，是组织前进的发动机和导航仪。通常对一个班组而言，愿景越明确、越远大，这个班组的发展就越迅猛，对社会的贡献就越大。一定意义上讲，只有具备了宏伟的愿景，一个组织才能避免一盘散沙，成为真正意义上的团队，也才能无往而不胜地不断实现各个阶段的发展目标。

中国兵器工业集团公司江麓机电科技有限公司传动机械厂202车间铣工班是一个优秀的班组，他们将“互相支撑、互相理解、快乐工作”作为全班员工的共同愿景。

不过在2006年之前，班组建设可不像现在这样有声有色。那时，班组成员在观念上存在着不小的差距，特别在对待学习的态度上存在着一定的冲突：年轻的组员认为文凭第一，只要拥有较高学历，一切都好办；而年长的组员重实际动手能力，认为学历再高但动手能力差，就好比漂亮的脸蛋不能当大米，照样一事无成。于是，在工作中各自为政，一方怨老的不愿教，另一方怨小的不肯学。久而久之，在班组中形成了一条不浅的“鸿沟”。

2006年第三季度，企业推动开展“班组夺标计划”活动。班组长王近民抓住这个契机，针对班组的具体问题，主持召开了一次主题班会，任务就是：年轻同志有再学习的条件和能力，应为他们争取机会、创造条件，并用“大道理”来鼓励和“逼迫”他们在学历上进行再进修，为技能水平的提高打好理论基础；而老同志有丰富的工作经验，应充分发挥他们这方面的优势，做好传帮带工作，这样既能加快年轻同志技能水平的提高，又能防止经验失传。

经讨论大家一致认为，机会面前人人平等，但如果你不努力学习，不转变观念，改善心智模式，建立起符合共同愿景的个人愿景，并付诸行动，那么即使有再多的机会你也抓不住；只要大家心往一处想，劲往一处使，相互帮助，取长补短，再大的“代沟”也能填补，班组的新面貌一定会令人振奋。最后，经大家总结提炼，提出了一句口号，将三年的发展规划涵盖其中：“一年专，二年精，三年尖”。一个班组的团队小愿景从此诞生了。

所谓“一年专”，指的是要在原有的基础上，进一步钻研技术，在自己的工作领域里“称王”。使之成为一支真正意义上的“专业支撑队伍”，给自己增加更多的底气。所谓“二年精”，指的是在第一年钻研技术的基础上更上一层楼，精益求精。从被动参与各类工程项目建设及设备管理，提升到主动渗透到业主的日常管理中，让业主离不开他们。所谓“三年尖”，就是要形成一种品牌效应，让业主一提到消防，就想到他们，就像人们一提到计算机产品，就想到“IBM”、“联想”、“微软”一样，使他们的形象渗透到用户心中，创出一个服务品牌，从根本上稳固自己的阵地。并为下一步“进攻”别人的阵地，去动“别人的奶酪”作好充分准备。

在这之后，全班人员团结一致，齐心协力，克服了各种困难，以饱满的工作热情，积极向上的工作态度投入到公司的生产经营工作中去，各项工作开展得有声有色。

一个构思良好的愿景应该包含两个要素：核心经营理念和生动的未来前景。这两部分好比道教的太极图一样，构成了阴阳两个相生相克的关系。核心经营理念好比结构中的“阴”，它包括了一个组织存在的核心目的和核心价值观，说明了组织存在的理由和基本信念，是愿景中相对不变的部分；未来远景相当于结构中“阳”的部分，它包括了组织的长远目标和远景描述，说明组织渴望实现的前景，是愿景中需要改变和发展才能达到的终极。

无论对于个人或组织，愿景的建立非常重要，因为一个好的愿景可以起到以下作用：

◆愿景规定了一个人的为人或一个组织经营的哲学、信念、方向和原则，对人或组织的一生起指导作用；

◆愿景可以帮助人们从内心渴望归属于一个重要的任务、事业或使命，从而引领人们成长；

◆愿景可以激发人们克服困难的勇气，建立对团队进行摸底就是因此，在班组建设中应创造性的工作观，从而走向成功；

◆愿景为学习和反思提供了焦点和能量。

正是因为愿景有着这样重要的作用，向班组成员咨询对团队整体目标的意见，这同样非常重要，一方面可以让成员参与进来，使他们觉得这是自己的目标，积极参与其中；另一方面可以获取成员对愿景的认识，即团队目标能为组织作出何种贡献，团队成员在未来应重点关注什么事情、能够从团队中得到什么，以及自己个人的特长是否在团队目标达成过程中得到有利发挥等。

2 班组愿景让员工充满认同感

班组愿景是汇聚班组成员个人愿景而成的一种基层组织愿景。借助汇集员工个人愿景，班组愿景获得能量和培养行为。班组的基层组织性质，使班组愿景主要体现为班组中的共同语言。共同语言就是组织与员工们的共同点，如共同价值观、共同兴趣、共同使命等。当一群人都能分享组织的共同语言时，每个人都有一个最完整的组织图像，每个人都对整体分担责任；当有更多人分享共同语言也就是共同愿景时，班组内部的公共关系也就更加融洽，而愿景本身决不会发生根本性的改变，但是愿景会变得更加生动、更加真实。

班组愿景由班组的目标、使命和价值观构成，是班组成员行动的坐标。班组的目标可具体化为阶段性的工作目标或者是要完成的工作量。班组使命可具体化为夯实企业改革发展稳定的基础，创造精品回报社会；也可具体化为班组成员实现自我价值和需要，在工作中建功立业、发展自我。班组价值观可具体化为员工在完成既定目标时如何工作、学习、协作，如何更好地遵守规章制度、降低成本、提高工作效率等，并概括为易于把握和落实的指导方针。

班组愿景的内容包括能反映班组价值观和使命的班组标志、班组语言、班组口号以及班组成员的个人愿景。

班组长要把班组愿景建立在个人愿景基础之上，从班组成员和班组工作实际出发，发动大家共同完成，而不能由班长一人来制定。要明确建成什么样的班组，班组愿景是否符合班组实际、班组成员能否认可、经过共同努力能否实现，这些都是建立班组愿景的前提和条件。要将所有班组成员的个人愿景进行分解，将那些有益于班组目标实现的个人愿景挑选出来，进行整理、加工、提炼，理凌乱于完整，去瑕疵于完美，概括出班组愿景，经班组成员讨论通过，确立为班组愿景。班组愿景的表达要高度概括，不能面面俱到，文字要尽量简短，要准确、鲜明、生动、通俗；要让班组成员觉得既是自己的，也是大家的，能够激励每个班组成员去追求。确定的班组愿景应该是内容丰富、令人向往，班组成员愿意为之奋斗。班组愿景能够帮助班组成员明确追求什么和为什么追求，激励班组成员主动学习和工作，进而赋予本员工作不平凡的意义，无私奉献，体会到人生的价值。建立的愿景要通过一定的形式公开出来，促使班组成员把愿景深深地印在潜意识中，把它当作一个蓝图，让它支配班组自己的活动。

班组愿景的塑造过程其实也是班组成员心灵的净化过程。在这个过程中，员工们可以敞开胸怀，相互交流，取长补短，使每个员工的心智模式得到改善。

作为班组长，首先要对什么是班组愿景、班组愿景与团队和个人愿景之间的关系、班组愿景与班组公共关系协调等一些概念性的问题有充分的认识和理解，并且应深刻地、全面地理解本企业共同愿景的含义和精神，这样才能塑造出符合企业共同愿景的团队小愿景。

在塑造班组愿景时，切忌自上而下，而要自下而上地塑造，并将马斯洛的需求层次理论与班组实际情况相结合，在此基础上将班组成员的职业生涯、班组关系设计有机地整合起来，从而形成班组的团队愿景。这样的愿景既有针对性和有效性，又有“认同感”。

班组愿景是介于个人愿景和组织愿景之间的重要桥梁。如果不建立班组愿景，个人愿景也就纯粹变成了个人行动，组织愿景也就成了空中楼阁。班组愿景是全体班组成员个人愿景的整合，是团队愿景和公司愿景的基础。

青岛港在创建学习型班组的过程中深深体会到，必须建立起一个班组成员共同认可的愿景。如果缺乏催人奋进的共同愿景，一个班组不会产生真正的学习力，也不会产生新的行为，更不会取得辉煌的成绩。

过去青岛港的员工主要从事简单的装卸，社会上称青岛港的员工为“老搬”或“苦力”，工作性质脏、苦、累、险，工资水平最低，工作就是为了生存。而现在青岛港的员工扬眉吐气，随着青岛港的发展，设备的更新改造，员工的素质、收入、住房、子女现状有了长足的提高，令青岛乃至全国了解情况的人都艳羡不止。为了青岛港更大的发展，为了员工自身价值的实现，全体员工投入很大的热情建立个人和班组的愿景，而共同愿景强调将个人的愿景融入到团体组织的使命中，工作是生命的重要组成部分，青岛港是实现自己生命价值的平台。当青岛港实现其“建设北方国际航运中心，营造平安和谐家园”的共同愿景时，个人的愿景有了实现的平台，生活质量将更大提高。有了共同愿景，人们关心的不再是个人短期利益，而是致力于如何实现青岛港“1＋1＞2”的宏伟蓝图，实现超越自我的内心渴望，进而大大激发自己的潜能，为班组、为团体做出最大的贡献。

因为这时候目标不再是你的或我的，而是我们共同的目标。青岛港“建设北方国际航运中心，营造平安和谐家园”的宏伟愿景在激励着全体青岛港人为之奋斗献身，因此共同的愿景可以产生一股巨大的拉力，能不断地把团体组织拉向成功，同时共同愿景也激发了全体员工的进取心、学习力，是学习型组织的原动力。这从装卸六队15班的变化就能看得出。

装卸六队15班以前虽然能够完成任务，但是大局观念和意识比较薄弱，往往是各扫门前雪，一个班下来看似忙忙碌碌，可效率一直上不去，班组成员还见怪不怪，习以为常。没有向心力和凝聚力哪有战斗力？班长用了很多方法也无济于事。

自从“创争”活动开展以来，班长李圣中带领全班员工，积极利用工前工后会时间开展“创争”知识的学习，为了统一全班员工的思想，提高班组管理水平，李班长把班组现状和今后的工作思路和盘托出，也评价了各人日常工作表现，在真诚的气氛中，班组成员人人对照班组工作目标查找自身差距和不足，大家都认识到，如果要创出生产佳绩，除了个人努力之外，还需要全班员工团结协作，提高班组的整体战斗力。大家一起讨论了如何更好地干好今后工作的措施。特别是在班组制定出了“要创建全集团作业实力最过硬班组”的愿景后，全班员工纷纷制定了个人愿景，有的员工想在三年内成为转正承包工，有的员工想在港口好好干住上新房，有的员工则想成为港口有用之才，等等。在实际工作中，全班员工思想统一、目标一致，用实际行动来实现班组愿景和个人愿景，该班组各项工作得到了飞速提升，当月便创出了小袋物装仓一项集团最高作业记录，并被队评为“五星级”班组。

班组设立共同愿景有利于班组内容的关系协调。因为班组的小愿景是在企业大的共同愿景的指导下完成的，所以对于本班组与其他班组之间的协调也是有帮助。班组长可以采用多种形式组织大家开展活动，提高对班组共同愿景的认同感。比如，可以请每位班组成员在班组学习时讲一个关于建立共同愿景的小故事；可以请每位班组成员总结一句与建立共同愿景有关的带有哲理性的座右铭；可以请每一位班组成员就如何达到班组愿景提一条合理化建议；可以请每一位班组成员对完成当年的阶段性任务表一个态度……诸如此类的活动只有一个目的——在整个班组内形成共识，每个人都认可共同愿景，都愿意为之付出自己的心血和努力。思想统一了，行动才能一致，如期完成既定目标任务才有保证。

为了营造班组中比较浓烈的实现共同愿景的氛围，班组长应组织人手在《班组园地》等目视管理的看板中，加上一个与班组共同愿景有关的专栏。在这个专栏里，可以张贴一些励志类的铭言，如“愿景是大海中的航标，给我们指引前进的方向！”“有愿景才有努力的动力！”等。还可以定期刊登一些班组成员在完成共同愿景时的做法、想法、建议等，对所有的班组成员都能起到一定的激励作用。

3 个人愿景应与班组愿景高度契合

一般意义上的个人愿景是在每个成员自我意志下形成的对自己未来发展的目标、期望。但在学习型班组里，个人愿景是整个组织愿景体系的一部分，除了个人意愿，还与所处的组织环境和组织的共同愿景相联系，是与工作有关的目标和愿望。班组里个人和班组都要有愿景，不然就会失去努力的方向。而作为组员来讲，必须保持其个人愿景与班组愿景的高度契合，才能最大限度地发挥其自身才能，实现最大的人生价值。

班组由个人组成，确定班组共同愿景，不能不考虑个人愿景，但更要考虑到班组建设的大局和企业组织的基本要求。因此，在确定班组共同愿景的过程中应该听取大家的意见，充分表达，反复讨论，在此基础上达成共识。只有这样，才能得到大家的一致认可。

个人愿景是发自个人内心的，一生最热切渴望达成的事情，它是一个特定的结果，是一种自然的、发自内心的力量，是一种期望的未来或意象。个人愿景通常包括对家庭、组织、社区、民族甚至世界未来的看法，以及自己的个人利益和未来。个人愿景根植于个人价值观、关切与热望、利益之中，是个人持续行为的内在动力。班组愿景是从个人愿景中汇聚而成的，或者说，班组的共同愿景必须构筑在个人愿景之上。

每个人都有自己的愿景，但在很多情况下，人们对自己愿景的认识往往是模糊的，或者是误解的，这样就会造成行动的盲目。在这种情况下，班组长要发挥导航作用，要引领班组成员将自我超越的目标具体化和意象化，通过深度的交流在每个人的内心当中形成一个准确的自我描述与认定。而深度交流不同于讨论，它是一种柔和的开掘模式，是通过内心的交流，将深藏的经验、想法完全表露出来，以多样的观点探讨复杂的难题，最终超过各自的想法，发掘出每个个人愿景。

我们知道，实现个人愿景的力量源自于一个人对愿景的深度关注，即依靠个人的力量去实现个人愿景。而实现班组愿景的力量源自共同的关切，即用集体的力量去实现班组愿景。显而易见，众人的力量比个人的力量大得多，实现愿景也会更快、更好。既然班组愿景包含了个人愿景的实质，那么在实现班组愿景的同时，个人愿景很自然也得以实现。换言之，我们每个人在努力实现班组愿景或帮助他人实现班组愿景时，我们借助群体的力量同时实现了个人愿景。

在凸现竞争的新形势下，每个人都有尽心尽力做好本职、并不断出成绩的愿望，但企业大环境的需要常常会与个人的愿望发生碰撞。一旦发生碰撞，个人就会出现迷茫、消极的心态，而班组长就要及时发挥引领作用，帮助他们调整心态，逐步融入大环境。

每个人都有自己的专长，但并不是每个人的专长都能在现有环境下得到发挥。班组长应在关注实现班组目标的同时，重视班组成员发展的需要，激励班组成员充分发掘潜能，努力掌握新技术，以适应企业发展的大环境，并从中实现人生价值，体验生命意义，达到快速成长。

2003年6月，宝钢制造管理部检测中心人员大调动，化学组调走两位老师傅，从2030冷轧化学分析和彩涂分析调来两位新的同志。新来的这两位都是女同志，一位是化学分析专业，而另一位是物理专业。由于是大调动，不属于新进人员，所以没有三个月的上岗实习期。两位女同志因转岗而由“熟”变“生”，一下子难以适应新岗位。物理专业的那位同志更是因为专业不对口而感到迷茫、困惑。但工作要进行，每天的数据还是要报出。

化学组组长为防止两位新同志因不适应新工作而失去积极性。一方面，会同班组骨干及时召开班组座谈会，向她们介绍班组的工作性质、内容和班组的现状、环境，同时，还通过个别交谈、电话家访跟踪她们目前的工作情况和心态；另一方面，给她们配备了班组中的高级技师指导她们的操作，然后根据特殊的情况给她们制订了特殊的培训计划。

在大家齐心协力的帮助下，两位新同志深深感受到了心灵的交流，体会到班组长对她们的关心和期望，于是卸下思想包袱，苦练操作技术。

在起初两个月中，她们放弃所有的休息时间，午饭也是快速地扒两口，下班则推迟洗澡时间，每天除了努力完成本岗位生产任务外，还抽空练习下一个岗位的工作。师傅和班组长在工作中时刻关心她们，经常把理论知识结合实际及时地灌输给她们，她们较快地同时掌握理论和操作知识，进步是有目共睹的。

在第三个月的时候，班组长会同骨干又与她们作了一次深度的交流，为了快速提高操作技能，向她们建议两人能否进行岗位对换，挑战新的高度。开始两人犹豫不决，“自己刚刚适应一个岗位，又要换，会不会发生质量事故？”

班组长先是对她们前两个月的工作作了充分肯定，师傅也对她们的工作能力和领悟能力进行了分析和肯定，鼓励道：“企业正在快速的发展，向着建成全球最具竞争力的钢铁企业的目标前进，员工也要成为世界一流的员工。你们还年轻，要不断攀登新的高度，要适应企业对员工一岗多能的要求，大家相信你们能做得到，将来你们必定会成为检测中心的中坚力量。”

一番语重心长的谈话，使她们的自信心陡然增强，于是欣然接受了新的工作，带着新的目标又起航了。

又一个月过去了，她们真的做到了过去不敢想、不敢做的事。通过考核，每人拿到了两个岗位证书，实现了别人需九个月才能完成的目标，从此可以正常地进入班组的岗位流动。时至今日，一位同志已完全熟悉了班组6个岗位的操作技能，另一位同志则被调到另一个先进班组去当组长了。

由于受自身经验、知识、思维方式等因素的限制，个人的能力、创造力总是有限的。俗话说“众人拾柴火焰高”。如果诸多个体围绕一个共同的目标和愿景一起奋斗，集思广益，大家相互激发、学习、交流，每个人的潜能、创造性就会逐渐被激发出来，这样就会产生很多意想不到的，或者说凭个人的能力所实现不了的结果。而且由于班组愿景是个人愿景的提炼、汇聚和整合，能够体现个人愿景的实质，所以班组愿景能够充分调动个体的热情和积极性，创造力也会得到更多的释放。

作为班组长必须要为班组描述一个未来班组所想创造的图像，由图像产生愿景，由愿景分解为个人动力，在工作中培养共同愿景。整体图像的塑造是团队合作完成的，将每个人心中的图像拼在一起就形成了新的整体图像。整体图像的塑造是团队合作完成的，每个班组成员心中的图像只是更加丰富了整体图像，所以要加强培育团队精神，才能更好地贯彻共同语言，塑造整体图像。

4 一切都是为了“我们的愿景”

有竞争力的团队一定是由有能力的人组成的，但有能力的人不一定能组成有竞争力的团队。这之间的差别在于团队是否建立在共同愿景和自我超越之上。学习型班组创建的目的之一就是把个人的能力与团队的竞争力结合起来，那么就需要共同愿景的支撑。彼德·圣吉曾指出，“如果没有共同愿景，就不会有学习型组织。”

共同愿景对于组织来讲，可以使互不相干的人走到一起，协同工作，并产生一体感、信任感、亲切感。在追求共同愿景实现的过程中，所有职工会激发出潜能，从而使组织发展产生不竭的动力。美国心理学家马斯洛晚年从事出色团体的研究时也发现，出色团体的最显著特征就是具有共同愿景，共同愿景对于促进合作学习、共享知识、创建学习型组织具有极其重要的作用。

个人或者班组长的愿景不能替代团体的共同愿景，只有当个人愿景得到团队所有成员的认可，才能成为共同愿景。班组愿景也不是个人愿景的简单相加，而是全体职工个人愿景的整合和质的提炼，是在个人愿景互动中成长形成的，即你愿中有我，我愿中有你，一切愿景都是“我们的”，既有其团体特性，也能让每个个体都能从中得到满足。个人愿景是最基本的愿景，也是共同愿景的基础。个人愿景不能转让，也无法被强调发展。只有当一个人确立了自己的个人愿景，才能发挥出巨大的能量。

学习型班组必须建立起班组的共同愿景，因为班组是由一个个具体的人组成的。每个成员有没有个人愿景，以及这些个人愿景是否一致，直接关系到班组的凝聚力和生命力。这里所说的共同愿景，是指一个组织的成员所共同持有的意愿和景象，即他们共同的“雄心壮志”，并由此产生的众人一体的感觉，它可以使每个人的活动融会一体。如果说，个人愿景的力量只是源自一个人对自己愿景的深度关切，则共同愿景的力量源自众人的共同关切，使班组的成员全都从内心渴望能够归属于班组共同的重要任务、事业或使命。

共同愿景会指明团队的发展、奋斗方向，它能让团队清楚地知道向哪里前进，以及达到此目的地后将会获得怎样的成就等等。对整个组织来说，其未来前进的道路难免会遇到波折、阻力，难免会有思想上的迷茫和困惑，共同愿景就像是组织的指南针，无论在怎样的境遇下，都会为组织成员们指明方向，使大家看清目标，依据共同愿景调整自己的行为准则和学习方向。方向标的确定不仅仅让人们不会迷失方向，还会产生焦点效应，也即将组织成员的能量都聚集在目标的实现上，把大家的聪明才智、体力精力更好地服务于组织目标的实现。来自团体的坚定的目标还会产生一股强大的驱动力，为组织发展提供不竭的能量，尤其人们在遇到挫折、困难而感到失落、无力的时候，目标会激发大家继续战斗的热情。

共同愿景把个人愿景与组织愿景结为一体，创造出一种众人一体的感觉，并遍布到组织全面的活动中，使各种不同的活动融汇起来。作为学习型班组，必须鼓励其组织成员发展自己的团队小愿景和个人愿景，因为员工如果没有自己的愿景，这种遵从至多是适应性的、勉强的。共同愿景应是个人愿景的最高境界的集中体现，它激发个人对生命崇高意义的追求，为着一个远远超出个人利益之上的目标而奋斗。共同愿景的力量源自共同的关切，让人难以抗拒，以至没有人愿意放弃。

班组愿景是汇聚班组成员个人愿景而成的一种基层组织愿景，借着汇集员工个人愿景，班组愿景获得能量和培养行为。这时，每个人都有一个最完整的组织图像，每个人都对整体分担责任；当有更多人分享共同愿景时，愿景本身决不会发生根本性的改变，但是愿景会变得更加生动、更加真实。如果分割一张正常照片成两半，每一半只能显示整个图像的一部分，而分割一个全息底片无论到多细小，每一部分仍然不折不扣地显现整个影像，只不过代表不同的角度，因而人们能够真正在心中想象愿景逐渐实现的景象，当共同愿景形成之时，就变成既是“我的”也是“我们的愿景”。

1989年，一群毛头小伙来到了宝钢能源车间污脱班，高大的厂房、现代化的操作给了他们一个又一个青春的幻想。然而污脱岗位的工作性质决定了他们每天要与污水、污泥、污油打交道，再加上设计上的缺陷更使工况条件显得恶劣。

现实与幻想的落差使他们打不起精神，只求完成生产任务即可。有的员工开始抱怨，有的则想办法调离，在岗的也是做一天和尚撞一天钟，使得污脱班变成了出名的“煤球店”。

随着企业减员增效制度的逐年深入，班组成员的危机感日益明显。此时，班长老胡在车间领导管理出效益的思路指导下，对组员作了一番摸底后，召开了班组民主会。大家共同分析了班组的现状和问题，深深感到再不能像过去那样，抱着安于现状的心态，没有追求、没有理想，得过且过。如果再这样下去，将很难适应优胜劣汰、适者生存的新形势。

那么，如何改变现状？有的员工提出要让班组变的整洁干净，有的提出要让班组生产业绩提升，还有的提出要大力开展班组创新活动。在集思广益之后，最后一致动议，首当其冲要解决的最大问题就是“脏、乱、臭”，并提出了“攻克‘脏、乱、臭’，改变新面貌”的共同愿景。为此，全员动手，从建制度、订措施入手，从清污除垢、美化环境做起，大家齐心协力，朝着一个共同的目标努力，这就是要把班组真正建设成为“干净、整洁、高效的先进班组”，实现班组共同的愿景。

为了彻底改变“脏、乱、臭”，班组内实施了一系列的管理措施。

首先，以定置管理为抓手。班长老胡自费购买了拖把，亲自带头对作业区进行清理，班组员工们纷纷跟上，从而拉开了以“我为人人，人人为我，我为班组献爱心”为主题的班组自主管理活动的序幕。

经过一段时期的辛勤劳动，班组环境发生了显著的变化，现场表面油污已基本清除，作业区的管理井井有条，设备、工具排列整齐到位，就连休息室的茶杯摆放也是整齐划一。为了进一步调动大家的积极性，班组还实施了岗位业绩排行与奖金挂钩的措施，激励员工以“我的设备我是主人”的态度积极参与设备管理。污泥脱水的主要设备滤板常常发生滑槽和脱落的问题，点检人员对此也感到头痛，难以根除。员工小冯自己动手设计制作了一个检修滤板滑轮的专用工具，从而有效解决了这一问题，大大减少了滤板滑槽和脱落次数，确保了污脱系统的畅通。

其次，推进清洁生产。这也是改变面貌的重要一环。为了创建“绿色小家”，班组认真实施ISO 14000贯标认证工作，班组成员共同研究制定了污脱班组ISO 14000环境贯标实施措施，并建立了《污泥无杂物三方（能源、吊装、焚烧）确认跟踪表》，以确保全过程的污染控制，取得了很好的效果。同时，污脱班还通过推行“强化自我管理，实行自我了结，进行自我超越”的“三自”管理，进一步提高了班组成员的自觉保洁意识。

多年来，在共同愿景的指引下，班组成员为能持续保持环境整洁，已经养成了一种好习惯，就是每天一上班，就自觉在裤兜里揣一块布，在日常的巡检中见油就抹，见泥就擦，让整洁的环境不受丝毫污染。

共同的愿景成就了班组喜人的成绩，辛勤的耕耘换来了丰硕的成果，如今的污脱班组早已从“煤球店”变成了清洁生产的“窗口”单位，环境面貌的彻底变化，也带来了班组成员精神面貌的巨大变化，原来的那种消极情绪一扫而光，全体成员斗志昂扬、积极向上。现在的污脱班无论是在班组建设，还是生产创效等方面都达到了公司的一流水平。

“我们的”愿景建立后，就需要坚定不移地维护它，并努力去实现它。要引导班组成员加深对班组愿景的理解和认同，使之成为班组及其成员的精神力量和行为准则。要鼓励班组成员坚定实现愿景的信心,不断挑战自我、超越自我。要培养班组成员的创新管理理念、管理方法和管理手段,开展技术革新活动,解决班组工作中的实际问题,铺平通往愿景的道路,确保愿景实现。在实现“我们的”愿景的过程中,班组成员要时时对照愿景和修订愿景。

对照愿景就是以愿景为蓝本查找工作差距,及时纠正工作偏差,要按照“PDCA”循环的步骤,做到日清日结,持续改进班组工作。做到班组愿景周对照、班组工作日检查、个人愿景时时回头看,来查找差距和不足,确定努力方向和强化措施,发挥班组成员和班组整体的创造性张力,朝着愿景迈进。

修订愿景是指对于不合时宜的愿景要及时补充完善,保持其先进性、前瞻性。要将愿景的稳定性与动态性有机结合起来,既保持相对稳定,又要及时补充完善。出现下面三种情况时必须对愿景做出修订:

◆一是愿景已经实现,需要确立新的愿景;

◆二是环境或内外部条件发生变化,愿景失去先进性和激励凝聚作用;

◆三是看不到现状与愿景的差距在缩小,班组成员对愿景失去了信心和热情。

愿景实施是一件非常严肃而认真的事情,需要投入巨大的激情,因此,不断地设立进步的里程碑,将非常有助于保留住这难得的激情。

5 学习是一种信仰

传统意义上学习目的是为了升学、考试、晋升,在时间上具有阶段性。进入知识经济时代,学习就成为每个人必修的功课,为了更好地适应快速剧变的社会,就要随时随地让自己保持一种自动自发学习的状态。当前,学习已经成为人们生活的重要组成部分,成为生活的一种需要,一种乐趣，更是一种信仰。要认识到学习的目的是为了生存，为了发展，为了实现人生的价值，活出生命的意义。只有通过学习，才能够获得生存的技能和发展的能量，才能更充分地体现人生的价值和生命的意义。因此，个人学习要更加主动、自觉和积极。

正如英国著名哲学家培根所说，知识就是力量，人有多少知识，就有多少力量，他的知识和他的能力是相等的。班组长要引导员工树立起与社会主义市场经济相适应、与当今科学技术迅猛发展的时代相适应的思想观念，为形成员工终身学习、全程学习、团队学习的机制奠定坚实思想基础，为员工构筑学习平台，创造优良的成才环境，形成在工作中学习、在学习中工作的局面，引导广大员工树立终身学习、全程学习的理念。班组长要动员组织员工积极开展劳动竞赛、合理化建议、技术革新、技术协作、发明创造等多种形式的员工经济技术活动，在各行各业开展“创新示范岗”、争当“创新能手”活动，鼓励员工立足本职、学赶先进、争创一流，通过学习和实践不断提高自身的思想道德和科学文化技术素质。

学习型班组，实际上就是一个学习型团队，也是一个集体学习的重要场所。提升团队学习力，是创建学习型班组的重要内容。班组长要以职工所在的班组为阵地，使组织整体的学习分解为每一个团队、每一个班组的学习。企业要想形成强大的学习力，就必须培养和增强各级基层组织和个人的学习力，处于不同工作性质和工作环境的基层组织的差异性，决定了他们的学习必须因地制宜、因人制宜和因势利导。因此，分层次、分类型的学习型班组建设，应该成为创建学习型组织的一个重要方面。要认真研究每一个学习型团队及班组组织学习方式、组织管理方式和运作模式，为创建学习型企业奠定坚实的基础。

广州铁路局长沙班组的组员可以说是爱好学习的典型，他们每名职工都配备随身笔记本，随时记录所遇到的新问题、新知识、新理念，进行学习积累。在此基础上，打破工种界限，开展互动学习，激励和引导职工在学习他人之长的同时，主动奉献自己的“绝活”。针对形势任务和工作中的重点、难点，班组还建立

“双学台”，开展每周一题的学习，在职工答题的基础上，以深度会谈的形式实现成果共享，培养职工深层次的学习能力。以文化业务方面为例，由过去具有大专文凭的1名，达到现在的5名；过去，班组参加和通过职业资格鉴定的为0，现在是，9个人中有8人具备第一岗位的高级职业资格证书和2个岗位以上的作业技能，有3人具备一专多能职业资格证书。

班组长要鼓励、帮助员工通过学历教育、技术培训和自学等多种途径形式，学习充实知识，提高知识水平。其中尤其要注意引导员工结合提合理化建议、搞技术革新、进行发明创造进行学习，这样既可提高学习的自觉性、主动性和针对性，更有利于解决实际问题，还可更好地通过拜师求教、查阅资料、参观借鉴、反复试验等实践活动，掌握新技能，增强新本领，不断提高创造能力，从而也进一步地不断探索和丰富形成终身学习、全程学习、团队学习机制的有效载体。

作为一种信仰，学习更偏重于知识的综合运用，偏重于人的全面素质的提高，偏重于演练，偏重于手的活动，偏重于创新能力的培养。因为任何能力的培养，都需要不断地练习，才能逐步提高。学习的重点在“习”，“习”比“学”更重要。

我们所谓的“学习能力”不只是单纯的具体的读书能力，而是学习行为全过程和学习与工作相联系过程中的全面的学习能力。这种学习能力体现的是独立自主、自动自发的自我提升能力。这些能力包括：

◆敏锐洞察和发现新知识、新技能的能力，即能迅速及时地了解和挖掘有关专业知识领域或技能发展方向的新动态、新趋势；

◆善于学习的热情和能力，即结合工作的、业务的或企业的发展需要，掌握、领会和消化新知识、新技能的能力；

◆迅速转化、学以致用的能力，即将所学的知识和技能有效运用到工作实践，发挥出最大的学习效果，取得快人一步的工作业绩；

◆创新的能力，在正确有效地运用到工作实践中后，还能融会贯通、举一反三、深入思考，在原有的基础上进行改进和完善，创新和提高。

这几项能力，尤其是创新的能力，原本是“学习”的目的所在。

在当前的中国，国家和企业迫切都需要培育一批具有以上能力的知识型员工。为此，我们需要改变陈旧的学习观念，开始新的学习行为。

过去，工作是工作、学习是学习，两者结合不够紧密。现在的学习侧重于从工作出发，立足于改善工作，围绕工作中的问题开展学习，把学习作为工作的一个重要环节。同时，注重在工作中学习，把工作过程作为学习的过程，把工作的对象和环境作为学习的对象和环境，不断积累工作经验，提高工作效率。

这里所说的学习，更多的是一种自主学习，是一种自我内心的需要。自主学习是指学习者在没有外界要求的情况下，根据自我设计的目标，自主寻找学习资源、选择学习课程并评价学习的结果。就像平常我们所说的，自我学习是“我要学”，而不是“要我学”，是“我想这样学”，而不是“你要学这个”。

通过自主学习，可以发现问题，对问题进行系统的和全面的分析，最后把问题圆满解，这样不仅可以在过程中学习到新的知识、方法、技能，而且可以提高个人处理问题的能力。系统地解决问题最突出的特点在于，把理论与实践有机结合，把学与用有机结合，在用中学，学以致用。班组长要引导班组成员养成良好的思维习惯，在观察、分析问题的过程中，避免简单、随意的反应。要尽量收集大量数据资料，并利用科学的方法进行分析和深入思考。避免盲目和片面，力求透过事物的表象揭示其深层次的原因和各种可能的结果。系统解决问题的具体步骤是：确认并选择问题、分析问题、产生可能的解决方案、选择并规划解决方案、贯彻执行方案、效果评估。

工作现场是最及时的学习课堂，每一次故障都当作是案例学习的机会，主动地寻找学习机会，并把自身的学习看作一个持续一生的过程，即使环境发生了变化，也能很快获取新的知识和技能，适应新的环境，找到新的谋生手段，也就是说，善于在工作中学习，在学习中工作，就是具有“终身就业的能力”。

俗语说:"满桶水不荡,半桶水晃荡",越是具备学习精神的人,越能敏锐地警觉到自己的无知、力量的不足和成长的极限,但同时又绝不动摇他们学习和进步的信心,因而不断学习、不断进步、不断提升,生命得以朝着心之所向的方向蓬勃发展。能够做到无时不在地学习、创造性地学习、潜意识地学习以及终身学习,都源自于"自我实现"的人生愿景和人生定位。

萧伯纳曾经说过:生命中真正的喜悦,源自当你为一个自认为至高无上的目标,献上无限心力的时候。这是一种自然的、发自内心的强大力量,而不是狭隘地局限于一隅,终日埋怨世界未能给你带来欢乐。

6 班组学习就是要实现 1+1>2

员工个体学习虽然是团体学习的基础,但依赖个人的各自为战绝非良策。个人学习效率低的原因是因为一个人的学习能力就算再强,学习速度再快,也无法穷尽所有的知识和经验。而且个人认识的世界是极其有限的,而因为人的认知差异的存在,一方面同一件事物,不同的人会从不同的侧面得出不同的见解;另一方面,不同人关注的兴趣不同,通过团队的学习交流就可以快速了解自己兴趣以外的信息,所以,团队学习无论是从深度还是从广度上都提升了学习的效果。"团结力量大"、"人多好办事"、"三个臭皮匠,抵个诸葛亮"等等俗语揭示了一个深刻的道理:集体可以做到比个人更具洞察力、更聪明;也说明合作学习具有巨大的潜能。

一个团队学习的过程,就是团队成员思想不断交流、智慧之火花不断碰撞的过程。如果团队中每个成员都能把自己掌握的新知识、新技术、新思想拿出来和其他团队成员分享,集体的智慧势必大增,就会产生 1+1>2 的效果,团队的学习力就会大于个人的学习力,团队智商就会大大高于每个成员的智商。

班组是企业里最基层、又是最活跃的细胞,具备一切团队的特征。比较起企业的其他形式团队来,它又是最精简的、最具灵活性的团队。

班组学习属于团队学习。在工作计划阶段，通过班组学习可以认清变革形势，抓住变革时机，可以转变观念，培养创造性工作观，提出变革的目标和方向；在工作过程中，通过班组学习可以补充和掌握变革所需的知识和技能，可以及时交流工作中的信息和经验；在工作检查时，通过班组学习可以分析工作中存在的问题，找到差距，可以进行反思，改善心智模式，吸取经验教训，可以找到改进工作的途径与措施；在改进工作中，通过班组学习可以改进工作，将变革引向深入，可以巩固变革成果，将它制度化、长效化，可以加深对变革形势的认识，寻找新的变革方向。

湖北晨风机器厂金属加工车间主任鲁丙华，不久前去某财经大学参加一个管理培训班，给他印象最深的，是一位唐教授关于群体决策的讲演。唐教授强调说，根据大量国内外研究结果及实践表明，只要给广大员工以机会，他们就会集体想出高明的主意，领导也是会乐于采纳的。即是说，应当充分发扬民主，让各班组去学习，制定有关他们工作的决策。

鲁丙华觉得这很有道理。短训班结束回到车间后，鲁丙华决定要在实践中试一试他所学的某些原理。于是他把某车间第二工段25名员工全部召集起来，对他们说，因为他们工段新添置了高效率的、自动化程度相当高的设备，几年前制定的老生产定额看来已过时，显然已不适应新情况。这首先要求他们去学习新知识，把有关新设备的知识都吃透。然后让他们自己来讨论一下集体，决定他们的定额该是多少才最合理。布置完了讨论，鲁丙华就回车间办公室去了。他觉得自己不该去参加讨论，领导在场，大家不易畅所欲言，而且显得对大家不够信任。但他坚信，员工们总会定出连他本人都不敢提出的先进标准来。

一个星期之后，鲁丙华又回到那个工段。工人们说，他们都觉得这台新设备的使用是很方便，但初期还不是很熟练，需要进一步原来的定额不够合理，现在既然授权他们自己来设置定额，经集体讨论决定，新定额应比原来降低一些，而这，也是组员们学习的结果。

学习型班组所倡导的学习主要有三个方面：第一，注重对人自身完善和提高的学习。学习不仅局限于获得知识和信息，更侧重于对品格和心态的培育，侧重于学习习惯、能力的养成和团队精神的培养。第二，强调学习与工作实际相联系。带着工作中的问题学习，“学”后要有新的行为。第三，突出团队学习。通过各种形式的班组学习，使班组整体智慧高于个人智慧的简单相加之和。

过去班组学习不系统、不完整，学习的随意性较大，往往是根据上面的安排而执行。现在班组学习不仅学习政治内容，而且更加突出业务技能的学习，提倡人人有职业生涯设计，倡导专业化成才学习。按照立足当前、着眼于未来发展和贴近班组实际、贴近员工实际的要求，开展多种技能学习培训，逐步从“干什么学什么、缺什么补什么”过渡到“精一技、会两技、学三技”，使班组成员逐步成长为复合型技能人才。

知识经济时代的显著特点就是知识更新速度加快，科学技术日新月异，人们要想跟上时代步伐，适应岗位需要，就要不断学习科学文化知识。

学习掌握运用现代管理理论、管理方法、管理手段，提高协调组织能力，在班组中实施科学管理，努力适应现代化企业的发展要求。

培训是班组学习的一项重要内容，需要明确的是，培训不等于学习。培训和学习的差别在于：参加培训可以是员工个人的意愿，也可以是公司强制的要求；而学习一定是员工自主的行为。员工可以参加培训课程，但这并不意味着员工已经学习了。员工有可能并不接受教学的观点，也有可能员工已经具备了这种能力。培训有可能没有和员工的实际工作联系起来，如果培训的内容与员工自己的看法相矛盾，企业并不能通过培训来改变员工已有的看法。只有真正把培训内容应用于工作中，才能说是学习，否则只能说是参加了培训。因此，培训不一定能成为学习。培训和学习的差别还在于：不仅仅只有培训才能成为学习。如一位计划员可以通过培训课学习如何制作生产计划，但是他更多的是在工作过程中学习计划跟进及计划落实的技巧和经验。无论耗资多少或多好的培训计划或培训课程,如果不让他下水,一个人就不可能学会游泳;如果不让他上战场,一个士兵也学不会如何打仗;如果不让员工在实践中操练,员工也学不会如何焊接、切割或装配;学习型员工需要的是学习,而不只是正式的培训。

班组学习强调对学习内容的不断研究,并与成员进行彼此对话,对话可以促进心灵交流与思想沟通。在小组学习中,必须通过讨论来进行对话。讨论是不同观点的呈现与辩论,同时能给大家提供有利的分析依据。对话则是将不同的观点阐明后,启发大家提出新的观点。在讨论中,大家的目的在于作决定;而在对话中,大家的重点在于探讨复杂的问题。

知识只有为更多的人所掌握,才能发挥更大的效用。把知识封锁在一个人或一个部门的手中,只会限制组织的成长,这也是建立学习型组织的大忌。学习型组织的一个基本特征就是开放、自由的组织文化氛围。知识共享的方法有很多种,包括书面或口头报告、经验交流、参观观摩、个人岗位轮换、教育与培训等。在班组中比较容易组织知识共享活动。能有效促进班组成员知识共享的做法有:开展班组长轮值、安全员轮值等岗位轮换活动;定期举办知识交流活动,让每个人把自己学习的新知识说出来让大家分享;把在工作中遇到的问题和产生的想法专门记录在册,班组成员随时可以翻阅等。

7 环境越优化,学习越成功

如果希望人人都自主学习、自我管理、自我经营,那么必须营造一个以学习为导向的大环境,因为任何人的成长都是环境的产物,所谓“人造环境、环境造人”。举个很简单的例子:当我们去大排档吃饭时,我们会放松随便,无所顾忌,谈任意的话题;而当我们到一个五星级酒店赴宴时,我们一定会郑重其事,穿正式的礼服,说正式的语言,小心谨慎、不苟言笑;这就是环境的作用。

因此,我们在强调班组长悉心培育和员工自我超越的同时,更要营造热爱学习、鼓励创新的大环境，引导和烘托班组和员工的学习动力和学习能力。对于一个学习型班组来说，环境越是优化，班组的学习才会越发成功。这就要求班组长首先要确定学习的理念和价值观，把学习与创新作为班组的核心理念进行塑造。在班组内要强化学习意义的宣传，引导员工树立终身学习理念，把工作的过程作为学习研究的过程，鼓励员工带着问题学习；培养员工的学习习惯，提高学习能力。其次，要求班组长改变过去的管理风格，多与班组成员进行沟通和交流。再次，要鼓励员工参加各种形式的学习，并积极为他们参加学习创造条件。在此基础上，通过组织"读书会"、"分享会"等，建立学习型的团队和相应的激励和约束机制，把团队学习作为一项工作任务，与考核和薪酬结合起来。最后，要认真倾听别人意见，避免先入为主，班组长要善于引导大家讨论，塑造提倡分享的文化氛围，建立起团队学习的班组文化。

李友军临危受命出任班长一职，此前，刚刚在过去的几个月内，矿区先后有四个技术能力很强的组员离开了班组。从到班组报告的那一天起，李友军从与班组成员以及家属的频繁接触中，深深地感受到：过去几个月连续发生的几起离职事件，对班组真是一个重创，不但企业对班组存在不够全面、不够客观，甚至有失公正的评价，班组成员也普遍存有惊弓之鸟的心态。由于他们所在班组是个技术性很强的班组，要求班组成员时时掌握新技术，具备新能力，由于班组的整体学习氛围不好，个别组员一遇到问题就束手无策，稍感棘手的问题就上报领导，有不少组员心理承受能力差，精神面貌显得沉闷，缺乏自信，也根本没有主动学习的热情；其他班组也用挑剔的眼光看他们做事，挑他们的不是，说话的态度很蛮横……李友军知道，抱怨是无济于事的，克服困难最有效的办法就是敢于面对现实，努力改变学习环境。

于是，班组长李友军固定在周六下午召开一次主题班会，牢固树立"终身学习"的理念，让组员向身边的人、身边的事学习，在点滴的学习中切切实实地提高员工综合素质，增强员工的技能，以开展“创建学习型班组、争做知识型员工”活动为载体，不断完善班组学习环境，努力营造学习氛围同时，班组还建立了相关的学习制度与激励机制，促进和激发员工学习热情。在工作之余，班组广泛开展岗位练兵和技术比武活动，并对优秀员工给予相应奖励，这样就提高岗位竞争能力和员工操作技能。

四个月过去了，学校面貌发生显著变化，各项工作取得较快进步，成了企业班风班纪、班容班貌堪称一流的班组，以其班组学习环境好、生产质量上乘而得到企业领导的肯定，成为一个充满生机活力、有发展后劲的优秀班组。

因为有这样的环境，所以孕育这样的员工，而因为有这样的员工，又进一步强化这样的环境。

创建学习型班组，鼓励班组创新，都离不开宽松的环境。鼓励创新的宽松环境包含两方面的含义：一方面从制度上正面引导和鼓励创新，另一方面允许失败，接纳和宽容创新过程中的无意之过。先说从制度上正面引导和鼓励。

其实，制度也是企业文化的一个组成部分，如果有特别制定的“鼓励创新的制度”，将为员工创新提供行动上的支持和操作上的指引。其他如创意改善制度、提案制度都是很好的鼓励员工学习和参与的好经验。允许失败是创新环境创造的另一个很重要的方面。要让成员愿意学习并不断在实际运用中加以创造和改进，就必须允许一定程度的失败，解除成员因害怕失败而不敢尝试的思想包袱。允许失败，当然不是指可以随意而为，更不是不计较失败，而是以积极的态度去总结失败的教训，将失败的信息加以知识化的传递，并以非正式的方式对失败进行讨论分析，使大家认识到，每个人都有义务分享和记录失败的教训，让类似的失败不再重复发生。

为了优化班组学习环境，湖北佳华纺织总厂厂搭建“学”的平台。工厂对重点行业的水、电、气、电焊工、锅炉工等特殊生产线上的员工进行全员培训，让其持证上岗，帮助员工拿到国家认可的技术等级证书。工厂制定员工学习规划，每年组织班组员工开展应知应会的理论学习活动，使员工从“干什么学什么、缺什么补什么”过渡到精一技、会二技、学三技。同时，在抓好岗位技能培训的基础上，采取“走出去、引进来”的办班办法，学习先进企业的生产经验和管理方法，通过经验交流与现场观看相结合、理论考试与实践相结合的办法，开展员工岗前培训、岗中培训、岗后培训，进一步提高员工综合素质。在此基础上，工厂又引导班组员工开展每周一课、班组点评、成果共享、导师带徒等形式多样的学习内容，使员工素质在短期内得以明显提高。为提高员工的实际工作能力，他们在班组搭建“赛”的平台。每年根据生产经营的重点和难点开展生产竞赛，解决生产过程中影响产品质量的突出问题，如纺部提高产品一致性、精梳产品质量水平；织部提高生产效率和入库一等品率，从技术、设备、工艺、操作等方面制订攻关方案，组织开展以创优质、夺高效为主要内容的班组竞赛活动，使棉纱一等品率达到99%，棉布入库一等品率达到90%，员工操作优一级率达到80%。通过设置竞赛主题，分解竞赛目标，明确奖励政策，形成横到边、纵到底、“千斤重担众人挑”的局面。该厂还常年在班组开展优质能手、服务标兵、采购明星、销售状况、生产一条龙等竞赛活动，同时，以提升班组学习力、创新力、凝聚力和自主管理能力为内容，举办班组竞赛活动，推动学习型的班组创建工作。

可以说，该纺织厂正是通过不断营造学习的文化氛围，让班组成员认识到：学习并不一定是什么正儿八经坐下来看书写字，学习就在平常的工作中，就在日常的生产作业中。只要能有效地提高自己，推进工作，提高效率以至创造价值，这都是学习。他们在全厂着力营造创新环境，广泛开展群众性创新活动，形成了尊重知识、尊重人才、尊重创造的浓厚氛围。

第六章　推动自主管理，激发创新潜能

对班组长来讲，管理的实质是以“组员”为本，充分尊重组员们自我发展的需要，并与组员形成最大的合力，这样才能对班组进行有效管理。班组创新是管理的本质要求，更是效益的切实保证，它要求极大地发挥人的潜能，因为每个人都比想象中的要更加强大。对于班组成员，他们哪怕是零星半点的创新想法，都应该得到大力培植。

1 班组管理的实质是“以人为本”

班组管理是在企业整个生产经营活动中，由班组自身所进行的计划、组织、指挥、协调和控制等。班组管理的职能在于班组中的人、财、物合理组织和有效利用，以达到企业和车间所规定的目标和要求。班组管理中系统管理是基本要求，基础管理是基本内容，民主管理是基本形式，自主管理是奋斗目标。班组管理的实质就是要“以人为本”，寻求“人”与“工作”相互适应的契合点，将促进人的发展与组织的发展有机地联系起来。

具体的生产活动中，班组管理应做的工作有很多，其内容十分广泛，包括生产管理、技术管理、劳动管理、设备管理、经济核算、安全文明生产、思想政治工作等。要把上述管理内容结合实际工作一道去做，建立健全以岗位责任制为主要内容的各项管理制度，做到工作有内容、考核有标准。班组管理要将任务分解考核到员工个人，实行经济责任制，坚持按劳计酬。班组管理要贯彻执行工艺标准，开展全面质量管理，确保产品质量。要推行 TPM(全员生产维修)，搞好设备日常维修，做到维修人员少，维修费用少，设备开动率高。班组还要经常组织文化技术学习，开展岗位练兵，人人要达到本工种、本级工应知应会的要求。

在学习型班组中，管理对象没有改变，改变的是新的管理理念、管理方法和管理目标。新的理念需要通过学习体系来获得，理念和方法的应用需要创新体系来实现，而管理目标则集中地体现于愿景体系中。管理体系就是建立和运行新的体系并推动新的理念、方法、目标在传统的管理对象中发挥作用的保障机制。为保证各体系的正常运行，需要建立和实施有针对性的管理制度、标准和方法，需要采取有针对性的方法，最大可能地让人施展自己的才华。

李进刚从公司职工食堂调入生产班组，工作很积极，但是由于对班组生产一窍不通，工作没有效率。班组长刘峰便从简单的掀料、上料开始指导，使其掌握动作要领。李进在掌握了要领以后，操作起来不再是满头大汗又不出活了，他感到轻松多了。班组长刘峰对他说："怎么样？这跟掂勺一样，只要用心，你会做得更好的！"在这以后，班组长安排机长对其指导，使他的技能一步步的提高。

以人为本，最大可能地发挥人的主观能动性，这是班组管理的本质所在。基层班组管理的人性化是现代企业管理的发展趋势。其要义在于，通过充分尊重人、理解人、信任人、帮助人、培养人，不断激发广大员工的主观能动性，最终创造出高效优质的产品。生产现场的操作工、维修工是班组的核心组成成员，必须充分肯定他们在班组生产经营活动中的主体作用，充分尊重他们的经验和劳动，及时听取和采纳他们的合理意见及建议，在强化岗位职责的同时，尽可能给予他们最大的工作权限，有效调动其主观能动性，充分发挥其主人翁意识。

在日常的工作过程中，班组长要关心自己的组员，为自己的组员解决一些实际的困难，是一个企业人性化管理表现，也是树立团队精神的基础，关心员工的疾苦才能换得员工的真心。在班组内部管理上，班组长要推行亲情化管理。当职工个人家庭有困难或工作上遇到难题时，大家积极伸出援助之手，帮助排忧解难；在平时的工作中，全班职工以兄弟姐妹的感情相处，追求家庭化的团结和谐氛围；班长在日常工作时，以商量的口气进行，避免强硬的行政命令方式，营造出一个不是某一个人在管理班组、而是大家共同管理班组的氛围。"以人为本"管理的实施，可以增强班组团结，当发生一些矛盾或不正确行为时，大家都能非常大度地容纳和原谅，从而可以塑造班组的正气，鼓舞团结一致、全力前进的班组士气。在这样的工作氛围中，组员的工作会变得自动自发，会对自己进行良好的自主管理，各岗位的工作达到了班长在与不在一个样，领导在跟前与不在跟前一个样，有检查时与没有检查时一个样，把自主完成任务、自主遵章、自主协调岗位间的工作、自主点检维护设备等班组管理工作当成是自己的事，变被动为主动，不需要班长和他人的督促。

老迟是班组的一名老工人，技能水平相当高，他平时不爱说话，但是只要一说话，就是牢骚话，对团队的士气有很大的影响。

为了使班组的气氛更和谐，使班组更通畅地管理，班组长杨德胜决定改变他，他知道这不是靠一次谈话就能解决的。交流要在平时不断地进行，正式的谈话只会引起他的反感，经常的沟通才能得到他的信任，才能了解他的真实想法。在他有困难的时候，即使帮不上忙，说几句安慰的话也能起到很好的作用。这样，当工作中对他提出要求的时候，他才更容易接受。也只有在这个基础上，才能进行这样的谈话。

杨德胜：老迟，你今天好像有什么心事？

老迟：哎！又和老婆吵架了！

杨德胜：为了什么事？

老迟：还不是嫌我挣钱少！

组长：哦！怪不得你今天说那样的话呢！不过，你真的认为班组的技能评价是在走过场吗？

老迟：不是吗？真正有技能的人级别却不高。

杨德胜：是这样吗？上次评价你为什么是Ⅰ级呢？

老迟：还不是理论考试没过！我就是不想去背这些东西。

杨德胜：你是觉得理论知识没用吧，不过它可是用来指导实际操作的，那些理论好，实际操作又好的当然要比你的技能高了。

老迟：我只是觉得评级没意思。

杨德胜：你老婆不是嫌你挣钱少吗？级别高收入也会高，最重要的是体现你的价值。如果你总是发牢骚，怨天尤人，不去主动提高自己，你和别人的差距会越来越大，后果你是清楚的。你现在就理论差一些，好好准备一下一定会升级的。

老迟：哎！我的牢骚是太多了。那我这次好好准备一下，争取考上L级！

这是一次以情理管人、以人为本的成功案例。在进行班组管理时，班组长要综合考虑班组员工的技术等级、实际操作水平、文化水平、年龄、家庭状况等因素，对其进行人性化的管理，搭建班组成员个人成长平台，帮助他们解决切身的实际问题，鼓励和支持员工学习与业务技能有关的知识，提高整个班组人力资源的使用效率和效益。同时，还要营造和谐沟通的班组氛围。除班组正式的、制度化的交流途径之外，班组的管理者还要积极引导，鼓励自发的、非正式的交流沟通渠道，形成一种积极和谐的人际关系，进而增强班组的凝聚力和创新能力。

创建学习型组织的不断深化，必然地要求班组管理越来越重视和贯彻以人为本的思想，重视班组成员主动性、积极性和班组团队凝聚力的发挥，这也使得学习型班组的管理从传统管理走向自主管理。

2 自主管理充分尊重人自我实现的需要

传统的科学管理理论基于经济人假设，把人看作生产运营过程中按既定规则配置的机器零件，忽视人的能动性。在管理中，更多地依赖权力、命令和规则等硬约束规范人的行为。以人为本的管理思想认为，人是生产力诸要素中最活跃的、起决定作用的因素，市场竞争的深化使得人的主体价值在企业生产经营中的作用日益重要，只有更好地发挥人的主观能动性，才能全面提升企业效率和竞争能力。自主管理适应了现代人受尊重和自我实现的高层次心理需要，通过将责权利有机统一和下放给员工，充分调动员工的自主性、积极性和创造性，从而大大提升了组织的绩效。

自主管理是对组织基层充分授权，从而激励基层组织和个人工作自觉性和创造性的管理方式，准确地说是一种管理思想。自主管理全过程充分注重人性要素，充分注重人的潜能的发挥。它注重员工的个人目标与企业目标的统一，在实现组织目标的同时实现员工的个人生价值。作为班组管理来讲，学习型班组强调的是自主管理，自主管理不是无制度的管理，相反的，它是建立在班组成员自觉主动地执行制度的基础之上的。为此，建立大家共同认可和愿意遵循的管理制度是必要的前提条件。除建立和完善考勤、分工以及成本、质量、现场、安全等日常工作管理制度之外,在学习型组织创建中,还要重视建立团队学习、工作和学习记录,做好班组成员的思想政治工作,对班组成员的“访谈”等与班组文化建设有关的制度,以保证全部创建工作都有章可循,且能与日常工作有机地结合起来。

学习型组织理论认为,“自主管理”是使组织成员能边工作边学习、使工作和学习紧密结合的方法。企业要成功,必须让员工参与进来,给他们自主管理的机会,肯定他们的工作成果,让他们在工作中体会到人生价值。学习型组织所倡导的学习、创新和五项修炼,无不需要组织成员全身心地投入,没有自主意识和自主管理的方式,很难满足这一要求。如前所述,通过自主管理,团队能够形成共同愿景,成员能以开放求实的心态,不断学习创新,从而增加组织快速应变、创造未来的能量。

目标管理是美国著名管理学家德鲁克的首创。德鲁克认为,并不是有了工作才有目标,而是相反,有了目标才能确定每个人的工作。德鲁克还认为,目标管理的最大优点,在于它能使人们用自我控制的管理,来代替受他人支配的管理,激发人们发挥最大的能力把事情做好。与传统管理方法相比,目标管理有许多优点,概括起来主要有:权力责任明确、强调员工参与、注重结果等。在推进学习型班组建设过程中,要将目标管理的实施与班组愿景体系的建立和运行有机地结合起来,用目标管理的理论和方法推进学习型班组创建工作。

班组要制定自主管理的有关制度,如传统的班组班务公开、民主管理制度,财务管理、奖金发放制度等,使班组的事务公开、透明;班组长轮换制和轮值安全员制,使班组成员都有机会行使班组管理的职责;全员成本核算、全员安全管理、全员质量控制、全员现场管理制度,形成事事有人管、人人都管事的局面。班组要开展自主管理活动,将经济技术指标分解到岗位以及班组事务的分工负责,使每个人都担负具体的责任;开展对照愿景“自我检视、自我总结、自我完善、自我超越”的活动;开展“领导在与不在一个样、有检查与没检查一个样、夜班与白班一个样、厂外与厂内一个样”的活动,增强班组成员的自觉意识。班组还要进行自我检查与评价,结合管理创新项目,检查班组自我管理的全过程和阶段效果,评选自主管理成果和自主管理员工。

南桥机床厂从上个世纪末就开始推行目标管理。为了充分发挥各职能部门的作用，充分调动一千多名职能部门人员的积极性，该厂首先对厂部和科室实施了目标管理。经过一段时间的试点后，逐步推广到全厂各车间、工段和班组。多年的实践表明，目标管理改善了企业经营管理，挖掘了企业内部潜力，增强了企业的应变能力，提高了企业素质，取得了较好的经济效益。

该厂通过对国内外市场机床需求的调查，结合长远规划的要求，并根据企业的具体生产能力，提出了2006年"三提高"、"三突破"的总方针。所谓"三提高"，就是提高经济效益、提高管理水平和提高竞争能力；"三突破"是指在新产品数目、创汇和增收节支方面要有较大的突破。在此基础上，该厂把总方针具体比、数量化，初步制订出总目标方案，并发动全厂员工反复讨论、不断补充，送职工代表大会研究通过，正式制定出全厂2006年的总目标。

企业总目标由厂长向全厂宣布后，全厂就对总目标进行层层分解，层层落实。各部门的分目标由各部门和厂企业管理委员会共同商定，先确定项目，再制订各项目的指标标准：其制订依据是厂总目标和有关部门负责拟定、经厂部批准下达的各项计划任务，原则是各部门的工作目标值只能高于总目标中的定量目标值，同时，为了集中精力抓好目标的完成，目标的数量不可太多。为此，各部门的目标分为必考目标和参考目标两种。必考目标包括厂部明确下达目标和部门主要的经济技术指标；参考目标包括部门的日常工作目标或主要协作项目：其中必考目标一般控制在2—4项，参考目标项目可以多一些。目标完成标准由各部门以目标卡片的形式填报厂部，通过协调和讨论最后由厂部批准。

部门的目标确定了以后，接下来的工作就是目标的进一步分解和层层落实到每个人。

部门内部小组(个人)目标管理,其形式和要求与部门目标制订相类似、拟定目标也采用目标卡片,由部门自行负责实施和考核。要求各个小组(个人)努力完成各自目标值,保证部门目标的如期完成。该厂部门目标的分解是采用流程图方式进行的,具体方法是:先把部门目标分解落实到职能组,任务级再分解落实到工段、工段再下达给个人。通过层层分解,全厂的总目标就落实到了每一个人身上。

通过自主管理,可由组织成员自己发现工作中的问题,自己选择伙伴组成团队,自己选定改革进取的目标,自己进行现状调查,自己分析原因,自己制定对策,自己组织实施,自己检查效果,自己评定总结。在自主管理的过程中,团队成员能形成共同愿景,能以开放求实的心态互相切磋,不断学习新知识,不断进行创新,从而增加组织快速应变、创造未来的能量。在自主管理组织中,员工的行为呈现以下五个特征,其顺序是依次递进的:

◆第一,员工对工作结果负责,并表现出相应的工作态度。

◆第二,以一种持续方式监控绩效,预先搜集数据和测定反馈,做到不打无把握之仗。

◆第三,对每个人的绩效做出评估,随时纠正错误的做法。

◆第四,为取得优异成绩,积极寻求组织资源和各种帮助及指导。因为它们是达成目标的必要要素。

◆第五,主动帮助其他岗位的人改善工作,从而提高整个组织的绩效。

班组自主管理是员工实现自我管理的一条很好的途径,是班组成员进行自我控制、自我约束的有效方法,也是建设模范员工小家、强化班组管理所要实现的目标,只有进一步增强班组成员的自主管理意识,调动班组成员主动参与班组管理的积极性和创造性,才能更好地提高班组目主管理水平。作为班组成员,班组成员还要增强自觉意识,主动对照个人和班组愿景,目我确定努力方向,自我改进工作。同时,要增强大局意识,以实现班组愿景为目标,处理好个人与班组、家庭与工作的关系。要强化

“系统的可靠性”理念，强调每个人都是系统中的环节，班组每一名成员都应当明确自己应当遵守的规章制度和担负的责任以及相应的权利，追求百分之百的可靠率，从而增强全局意识和岗位责任，实现团队成员的自我控制、自我约束、自我改善。

3　只有在相同方向才能形成最大的合力

正如个人愿景是人们心中所持有的意象或景象，共同愿景是组织中人们所共同持有的意象或景象。共同愿景把组织成员紧密地结合起来，创造出众人一体的感觉。个人愿景的力量源自个人对愿景的深度关切，而共同愿景的力量则源自共同的关切。真正由班组成员共同制定的愿景能够激发班组成员超乎想象的热情和勇气，而由愿景带来的创造性张力则使这种热情和勇气得以长久地保持。班组愿景建立和实现的过程，班组管理的过程，也就是班组凝聚力不断增强和提升的过程，班组管理的最佳效果是，让班组成员以厂为家，让员工产生强烈的归属感。

我们学习过力学知道：不同方向的力，将会相互抵消，只有方向完全相同的力形成的合力，才是最大的。班组长在管理的过程中，要充分认识到，班组凝聚的合力来自于班组成员对共同愿景的认同感、对班组的归属感，来自于班组成员对于共同目标的共同努力。对共同愿景的认同，源于组织成员所共有的理念和价值观，即共同的组织文化。班组在长期的生产实践中培育并沉淀的具有本班组特色的理念，对于班组成员具有凝聚、激励和约束功能，这也是班组长进行班组管理的心理基础和文化底蕴。建设特色班组文化，发挥班组文化的作用，把班组成员紧密团结起来，把班组成员的积极性充分调动起来，把班组成员的潜能最大限度地挖掘出来，对于建设学习型班组是十分重要的。为此，班组要努力加强文化建设，积极开展文化理念教育活动，小型文化展示等活动，把企业价值观和文化理念落实到班组，用共同价值观、文化理念和目标追求教育凝聚员工，这样才能全体班组成员的能量聚集起来，让他们在同一个方向上形成最大的合力。

合力的形成、归属感的产生首先来自班组成员之间的信任。共同的价值观念是建立和增进信任的基石，而共同的团队经历是建立和增进信任的必要过程。在心智体验中临时组合起来的团队，在共同完成集体项目特别是项目取得成功后，共享实现目标的成就感，成员之间也会产生信任。然而，如果没有今后继续共事的愿望，这种信任就难以增进。在班组中，成员长期为共同的目标工作，这种信任能够而且应当不断地深化。归属感还来自情感的交流和沟通。长期相处和相对稳定的关系，以及相近的工作和生活环境，为班组成员之间相互了解，培养班组成员之间的共同语言、共同情感奠定了基础。因此，应当重视和有意识地发展成员对集体的归属感，不应当任凭这种信任和共同的情感自发地生长。要建立交换信息的畅通渠道，坚持崇尚开放、诚实、协作的办事原则，鼓励班组成员积极参与的自主性，加强班组成员的了解和交流，形成相互信任的环境。

“机加工组烟台产七轴四面刨床，出现运行故障，这台设备还在保修期内，请联系工程部设备管理人员，及时通知生产厂家或设备能源分公司尽快处理。现在生产任务很急，请及时答复。”2007 年 7 月的一天，上海昌晟绝缘分公司副经理谢汝成在车间巡视时，发现机加工组“回音壁”上这条信息，及时拨通了设备管理组电话，要求立即处理。五分钟后，刨床生产厂家回电：三天后前来维修。生产任务不等人，谢汝成随即又向设备能源分公司求援。十分钟后，设备能源分公司电气维修组的师傅们赶到。五十分钟后，刨床修复运行。从发现问题到解决问题，前后不到一个半小时。

绝缘分公司具有生产班组任务繁重，一线年轻员工比例逐年增多、思想活跃等特点。为拓宽基础管理渠道，丰富亲情化思想工作形式，及时了解员工的心声，更好地为生产经营服务，在班组管理看板上设立了“回音壁”，为员工办实事，为班组解难题，使分公司工作和班组工作更加规范有效，拉近了员工与组织的感情，加强了基础管理，增强了员工的合力。绝缘分公司经理王立军说："自从开通'回音壁'栏目，员工随时提交意见、建议。由于员工在'回音壁'提交意见及建议都采取匿名形式，与以往传统的恳谈会、民主座谈会相比，'回音壁'能更真实地反映员工在工作和生活中的意愿和想法。员工随时对各个方面存在的疑惑与有关部门沟通。分公司领导和班组长安排专人负责解答和解决有关问题后，对每位员工所提的问题和解答的结果一一对应公布在'回音壁'上，并注明回复的时间和答复人的名字，做到有根有据。"自开通"回音壁"专栏以来，绝缘分公司各班组总共回复解答了246条员工的建议和问题，加大了公开力度，增强了事务公开的时效性，有效地提高了企业的凝聚力。"回音壁"为班组的各项工作带来了全新的活力，在干群之间架起了互相理解的"连心桥"，促进了企业和谐，分公司上下形成了强大凝聚力，生产经营呈现出平稳有序态势。

班组在管理的过程中，在追求自身可持续发展的同时，也必然要兼顾员工的可持续发展。企业应为员工提供一套完善的激励培训机制，营造良好的学习与提高的氛围，帮助员工实现自我成长，实现价值追求。企业的管理应该联系企业文化，着眼于细微之处，融落于生活之中，从做人点滴到做事精要，从理论到实践，全方位多角度的展开，培养员工的归宿感和使命感，这样才能形成最大的合力，从而为员工的全面成长，也将为企业发展蓄备强大后续动力，推动企业现代化管理步入良性循环的轨道。

4 自主创新是企业最核心的竞争力

早在100多年前，英生物学家达尔文就说过：物竞天择、适者生存。达尔文的话不仅适应于生物界，也同样适应于现今的市场经济社会，如果谁不能适应现今的变化，那么他不仅不会成功，还一定会像灭绝的恐龙一样，被时代淘汰。

科学家曾经做过两个有趣的实验，一个是设置一个非常复杂的迷宫，在迷宫的尽头放了一块非常丰厚的乳酪，让小白鼠去寻找。小白鼠以特有的嗅觉和灵性，很快在迷宫中找到了通往乳酪的最佳路线。后来科学家将乳酪用玻璃罩扣住，小白鼠按记住的路线跑来跑去，当确信路线的终点没有乳酪后，它们开始勘察别的路径，直到最终发现乳酪。另一个实验是在一个开口的玻璃瓶内放入几只蜜蜂，并将瓶底朝向光源，这几只蜜蜂会拼命地朝有光源的瓶底飞去，它们永远不会改变或尝试其他方向。两个实验分别表明小白鼠适应环境改变、创新的能力；而蜜蜂在新环境中只会盲目行事，没有适应和创新的能力。

学习型组织的建立不是目的，而是手段。学习的目的是为了创新，创新是为了发展。自主创新是任何企业包括班组发展的不竭动力。所谓班组自主创新，就是吸收、消化、创造新的生产技术方法和适合本班组实际的管理方法，增强班组竞争能力，为企业创造更多效益。班组自主创新管理已经成为现代班组竞争和发展的最重要手段，在创新实践中培养具有自主创新能力的员工队伍，自如地应用核心技术。对于班组来说，没有什么技术还能比创新更重要。可以说，创新就是企业最为核心的竞争力。

自主创新是班组建设的内在要求，21 世纪，任何企业、班组不去创新，就意味着落后，就要被时代淘汰。

有这样一则广为流传的故事可以形象地诠释创新的含义，说的是有三个寺庙离水源地都较远，他们解决吃水问题，各有奇招。第一个寺里的小和尚挑水的路程比较远，一天挑满一缸水就累得不得了，不想再干了。于是一个和尚建议说："咱们三人来个接力赛吧，每人只挑一段路。"第一个寺里的第一个和尚从井口挑到半路停下来休息，第二个和尚接着挑，最后转给第三个和尚一直把水挑到寺里去。他们就这样每人挑一段路，水缸里的水每天都是满满的。

第二个寺里的老和尚把三个挑水的小和尚叫来，说我们立下了新的寺规，要引入竞争机制，谁挑水挑得多，则晚上奖赏一道菜，挑水少的就罚吃白饭。三个和尚拼命去挑，一会儿水缸也满了。

第三个寺里的三个小和尚发现了寺对面有一片竹林，于是就一起把竹子砍下来连在一起，然后买了一个辘轳，将其和竹子连起来做成一个引水装置，他们一个负责把水接上水槽，一个负责倒水，另一个则在那儿轮流换班休息。

可以说这三个寺庙的和尚在解决挑水问题时都被认为是进行了自主创新，第一个寺的自主创新可以说是机制创新，第二个寺的自主创新则是管理创新，第三个寺的自主创新是技术创新。不论是哪一方面，他们都实现了使挑水变得轻松的预期目的。

从企业层面讲，自主创新是指企业依靠自身的力量整合各种资源，攻克技术难关，开发独有的核心技术，以掌握对产业发展有重大影响的自主知识产权，在此基础上完成技术成果的商品化，实现新产品的价值，进而形成自主品牌，提升企业的核心竞争力，不断促进企业发展。它是一系列创造活动和过程的总称。相对于引进、模仿而言，它要求摆脱对外部技术的单纯依赖，核心在自主研究开发上。即使是引进技术也要将其充分消化吸收后再创新，牢牢把握核心技术的所有权。

从班组层面上讲，班组是企业创新的前沿阵地和创新成果的实现阵地，班组长和班组成员都要深刻认识自主创新对于班组发展的意义和内涵，认识到自主创新是时代发展的必然要求，是差异化竞争的核心特征，是班组健康发展的保证，从而把自己作为创新的分内人，主动提升自己的创新意识和创新能力，全力配合企业的自主创新进程。

北京市技术创新标兵、北京福田怀柔汽车厂的张小虎立足本职岗位，结合生产实际进行技术创新，既解决了一个技术难题，又为企业创造了极大的经济效益。当福田汽车奥铃轻卡试装进入关键阶段时，在一次质量评审中发现了双排车后门没有“二道锁”问题，一时间该问题成为影响试装的拦路虎。以前从不知道什么是“二道锁”的张小虎明知山有虎，却和这个难题较上了劲。

他白天因为工作忙，没有时间琢磨，就晚上下班后去试装现场实地研究。在领导并没有给他安排这个难题破解任务的情况下，他以个人名义组织项目攻关，应该说是冒着一定风险。张小虎为此请来了技术人员仔细测量门锁的位置，经过分析，提出了改变门锁尺寸的创新方案。别看是一个小小的尺寸改变，却涉及两个冲压件的模具修改，风险很大，万一创新不成功，不仅会给企业造成损失，增大了企业的投入，而且延误新产品的试装进度，影响企业的整体经营战略。尽管面临非常实际的压力，尽管这时仍可以知难而退，但张小虎选择了继续前行，他相信自己依靠技术人员所提出的解决方案是可行的。

为了确保万无一失，张小虎又对改进方案在计算机上进行了数学分析模拟，进行了细而又细的测试，终于下定决心改模具。改模具之前需要图纸会签确认，图纸传到模具厂，模具厂总工程师在签发图纸前，特意给张小虎打来电话，问真的要改？张小虎说："改！出了问题我负责。""二道锁"的难题最终得到了圆满解决。

有人说，张小虎胆子忒大，事后，张小虎也有些害怕，万一不成功怎么办？但张小虎相信有企业鼓励创新、容忍失败的良好氛围，有实施创新的科学依据，有自己严谨的科学态度和扎实的技术根底，即使存在风险，也值得去尝试一下。

提到"曹冲称象"，人们都会赞叹曹冲的聪颖。有个小学生却不以为然："曹冲真笨，让士兵上到船上不比抬石头轻松多了吗？"这就是创新，这就是创造。这么简单的想法，连小学生都能提出来，而我们怎么没有想到？

在班组生产中，从客观上讲任何人都有创新的机会，都具备创新的条件，都具有创新的能力。现实工作中的创新也充分证明，创新不是某个人的专利，也不是某个部门的专利，而是来自于所有员工的想像力。主体生产班组可以创新经济技术指标，辅助生产班组可以创新工作质量，后勤服务班组可以创新服务质量。只要我们具有创新的意识、创新的态度、创新的行为，用心工作，任何人都可以改变现状。

创新并不神秘，任何对常规的变动都可以称之为创新。创新没有特定时间，它蕴于工作、生活的每一刻。创新不能等待，等到所有条件都成熟的时候，创新也就失去了意义。创新不能拖延，从现在做起，查找发现问题、制定措施、解决问题，严细实快地开展创新。创新不能停顿，任何事物都不是完美无缺的，特别是随着科学技术的进步、人们认识水平的提高，需要改进完善的缺陷无时不有，所以只要生命不止，就要创新不休。

只要善于发现，创新无处不在。为提高产品质量在生产现场完善生产工艺是创新，为提高工作效率在操作室探索先进操作法是创新，为节约纸张在办公室改单面印刷为双面印刷也是创新，为改善环境在生产厂区进行绿化美化也是创新。

“问题”是最好的创新资源。班组可以树立“问题就是资源”的创新理念，在班组内部形成“问题管理法”，“把问题变成课题”，组织“问题恳谈会”，把“问题”变成全班员工技术及管理创新的源泉，改变过去那种对问题视而不见，不把问题当问题甚至怕说问题的现象，实现由“回避问题”到“直面问题”再到“见问题不放”的转变。在班组的日常管理上，通过抓住不良现象、不良苗头等“小问题”，完善管理制度，严格考核，遏止这些问题向不良方向发展的趋势，实现班组管理的创新。

5　你比想象中的更强大

如果没有认识到自己的能量，很多人都会对自己可能取得的成就将信将疑——自己能够再拥有学习的热情，但是可以有创造的作为吗？

在美国麻省 AmhenI 学院曾经进行了一个很有意思的试验。试验人员用很多铁圈将一个小南瓜整个箍住，以观察当南瓜逐渐地长大时，对这个铁圈产生的压力有多大。最初他们估计南瓜最大能够承受大约 500 磅(约合 227 公斤)的压力。在实验的第一个月，南瓜承受了 500 磅的压力；实验到第二个月时，这个南瓜承受了 1500 磅的压力，并且当它承受到 2000 磅的压力时，研究人员必须对铁圈加固，以免南瓜将铁圈撑开。最后当研究结束时，整个南瓜承受了超过 5000 磅的压力后才产生瓜皮破裂。研究人员打开南瓜并且发现它已经无法食用，因为南瓜中间充满了坚韧牢固的层层纤维，试图想要突破包围它的铁圈。为了吸收充足的养分，以便于突破限制它成长的铁圈，南瓜的根部甚至延展超过八万英尺，所有的根往不同的方向全方位地伸展，最后这个南瓜独自地接近控制了整个花园的土壤与资源。

我们对于自己拥有多么大的能量、我们自己有多么坚强往往毫无概念，如果南瓜能够承受如此大的压力，那么我们人类在相同的环境下又会怎样？

我们比想象中的更坚强！我们也拥有比想象中大得多的能量，就像小南瓜从铁圈中挣脱一样！

高度的自信是一切成功的基础。如果你对自己非常自信，以致你的激情被彻底唤起的时候，你就会进入一种特殊的功能态。这时你的思维和精神力量的速度和数量都会大大增加，在这种状态下，你的精神力量好像增加了数倍，思维机器这部无比精密的仪器以神奇的速度顺利地运转，此刻你会真正感觉到灵感四溢、随心所欲的心理状态。可以说，信心是成就一切事业的根本。大家无论在学习工作，还是创业上，都要想到信心，要使自己充满必胜的高度信心，因为信心是潜意识能量的精髓、灵魂，没有信心，你将一事无成。

首都钢铁公司炼铁厂下属的某个班组中，有一位员工小张，对计算机有着特别的喜好。茶余饭后，谈得最多的就是各类计算机和数码产品的话题，且喜欢把生活、学习、工作等和计算机联系在一起。

有时在工作中，他会突发奇想，提出一些改进工作的想法和建议，但由于种种原因而未被重视或采纳。长此以往，小张的不满情绪油然而生，时常发牢骚，认为自己的智慧被埋没了，英雄无用武之地，并且工作态度悲观，失落感明显。

2005年初，班长小陈经过一段时间的观察后，找了一个合适的机会与小张促膝谈心，与他一起分析了有些想法和建议未被重视的原因。

小陈指出："在企业中，提一些改进工作的想法和建议是有程序的。另外，提想法和建议不能只是简单地说一些现状需要改进等,而是要对现状进行较为详细的分析,要有改进的具体措施,并要有一些量化的依据。”

看到小张默认了自己的观点,小陈顺势说道:“现在有一个体现你聪明才智的机会,可以充分展示你的计算机特长,不知你愿不愿意做。”

小张一听,马上就来了劲。于是,小陈说:“现在判断试样的标准厚度与实测厚度的差异时,需要人工完成,既费时又费力,而且还容易出差错。如果改用计算机自动判断,效果一定不错。怎么样,愿意试一试吗?如果愿意,我做你的助手。”这是一个相当有难度的项目,也超出了小张的工作能力范围。但他决定挑战自己,他相信自己能做好。

经申报立项后,小张利用业余时间和休息日,查资料、编程序、做演算,通过努力,终于设计出一个在线数据分析软件——拉伸试样标准厚度与实测厚度偏差分析系统。这个系统不仅能即时反映检验过程的数据真实性,同时对由于试样异常造成的数据失真提供了及时而有效的警示,从而大大缩短了异常试样的确认和处置过程,对物流优化起到了非常积极的作用。

一位哲人说过,大多数失败因软弱的意志造成。一切成功创业也是如此,坚定的意志是事业出成效的一个重要因素。我们的意志,是一种很奇怪、很微妙、无法触摸但却非常真实的特殊能量,它与人类潜意识深层次的力量有着非常紧密的联系,当潜意识的神奇力量被激发出来的时候,通常是意志在起作用——强烈的愿望。一位著名的成功学家说过,一个人在其梦想、雄心、目标、表现、行为和工作中显现的精力、能量、意志、决心、毅力和持久的努力的程度主要是由“想”和“想要”某件事的程度来决定。这句话可谓是放之四海而皆准的真理。世上任何人做任何事都是如此。当人强烈渴望某个事物,尤其当这种渴望的强烈程度已深入影响到潜意识时,他便会求助于潜意识中的意志和智慧的潜在力量,这些力量在愿望的推动和刺激下,会表现出不同寻常的超人力量。

哈佛大学的著名教授也是著名的心理学习威廉·詹姆斯发现:一个

普通人只运用了其能力的10%,还有90%的潜能可以挖掘。前苏联学者伊凡说过:“如果我们迫使头脑开足四分之一马力,我们就会毫不费力地学会50种语言,甚至把百科全书从头到尾背下来,还可以完成几十个大学的博士学位。”当代美国著名的激励大师布莱恩·崔西说:潜意识的力量比意识的力量大三万倍。

我们列举这些有影响力的人物的发现,以及无数成功人士的例证,只是为个人实现自我超越提供最有力的信心支持。而且从近年来关于脑科学的研究中,我们可以得出这样的结论:任何被称为“头脑正常”的人,都具有比我们以往所相信的,要大得多的容量和潜力。这些容量和潜力不只是成功人士的专利,“他们之所以伟大,是因为我们跪着”,正是因为我们没有释放我们大脑的能量和潜力,所以我们才平凡。班组成员要善于突破自身的束缚,发挥出自我的潜能,实现自我超越,一定要让全班组里的人都行动起来,共同营造一个超越自我的巨大磁场。

6 每一棵创新的幼苗都需要沃土

班组是企业管理工作的落脚点,企业管理的规定要通过班组来落实,生产任务指标要由班组来完成,安全生产环境要由班组来创造,和谐稳定的人际氛围要靠班组来维护,班组执行力的高低直接影响到企业管理水平的发挥及经营效益,因此,注重班组管理创新是企业创新的重要保证。对于任何一名班组成员来说,他们都是班组创新的幼苗,对于他们,班组应尽可能地为他们培植沃土。

优秀的班组长应该对自己的成员抱有“五心”,即尊重每一名班员的心,真诚与班员合作的心,热情为班员服务的心,对班员关心和赏识的心,与班员共同分享创新成果的心。只有带着这样的“心”去工作,才能使创新管理工作收到实效。

班组长要多说“鼓励的话”,增强团队的团结与力量。对于班组成员做错的事进行批评是必要的,但班组成员更需要肯定与鼓励。班组长只有对班组成员的创新想法及时经常地进行鼓励,允许失败,班组改革创新的路才会越走越远。“你这个改善的点子很有创意”、“好,你最近进步很大”、“你继续努力,有什么困难咱们一起研究,这个改善一定能成功”、“这个改善已经取得了明显效果”等鼓励班员的话语,班组长若不吝使用,效果一定很好。鼓励能增强班组成员的自信心,唤起班组成员工作的激情。班员乐于工作的激情是确保班组预期目标顺利实现的前提。

班组长要让创新意识成为班组每个人的思考习惯,把班组每个人的创造力都调动出来,除了内因的影响力,如员工个人精益求精的工作态度与主动求变的意识等之外,在外因建设上,要创造一个鼓励创新的班组氛围。鼓励班组成员参与创新,首先要保证信息畅通,推动各成员间建立良好的沟通,提高成员创新积极性,增强他们对于工作的投入程度。其次,要敢于授权,让班组成员放手工作,充分释放创新潜能。再次,要鼓励尝试、容许犯错,对创新中的失误行为进行保护,让他们放下思想包袱,大胆创新。

在一次工作检查中,班长刘大宏发现班员小陈没有按照要求进行煤质化验工作,当时刘大宏严厉批评了他。这件事情过后,刘大宏发现小陈自那以后工作态度变消极了,自恃自己资格老,对于班里布置的工作,全凭当时的兴趣及心情来完成。尽管刘大宏多次找他谈话并要求他加强工作责任心,都收效甚微。

刘大宏也用过绩效考核的方法来试图改变小陈的消极工作状况,效果却适得其反,小陈认为刘班长是有意和他作对,对他分配布置的工作更是寻找各种借口推诿。后来,刘大宏经过认真地思索,决定改变工作方式,用几天的时间来仔细观察小李的表现,发现他的工作能力还是很强的,只是性格自傲,自我意识强烈。

于是,刘大宏有意识地将班组富有挑战性的工作交给他来做,并与他一起分析工作的难点,同时充分肯定他的工作能力及取得的工作成绩。在他保质保量地完成工作任务之后,刘大宏在第一时间向他表示祝贺,并在全体班组成员面前对他提出表扬，感谢他为班组做出的努力和贡献，要求班组成员向他学习，并请他帮助其他技术业务能力差的同事。渐渐地，小李完全转变了工作态度，成了班组中活跃的技术骨干。

该班长运用了多种人本激励的方法:将有挑战性的工作交给个性鲜明的员工去做，是充分信任员工的体现，给他创造了自我价值实现的机会，激发了小陈的责任意识和创新意识。同时在实施过程中积极提供支持和辅导，让员工感受到班长的关怀，而不是一个人单枪匹马地在干。在小陈完成任务后，又在班务会上公开地给予其热情洋溢的鼓励，使小陈感受到了团队的尊重和荣誉，使小陈感觉到自身在班组的重要性。在班长的激励下，小陈的心智和行为都发生了根本转变，从总是与班长对着干的拒绝管理变成了班组管理的一名精英。

解决实际问题是在学习中坚持创新的根本目的，脱离实际，学习就是空洞的，很难实现突破和创新。由于每个人的基础、经历不同，在知识更新速度大大加快、世界知识总量急剧增加的新形势下，学习的方式方法没有一个固定模式，应结合工作实际学习，做到在学习中创新，在创新中学习。

第七章　创建学习型班组常用的方法

创建学习型班组的方法有很多，快乐的20分钟、大墙会议、头脑风暴法、标杆学习等就是一些很不错的方法。班组长要结合班组自身的特点，根据组员们的性格特征，根据生产经营的状况，随时随地而且灵活机动地使用各种方法，不可一成不变。

1 快乐的20分钟:快乐创建

班组工作一般都比较紧张,很多时候班组长都不可能占用员工上班时间组织各种形式的学习活动;为了保证员工上班时精力充沛,又不能过多地利用他们下班的休息时间组织学习活动。快乐的20分钟正是从时间上考虑而发展起来的一种团队学习方式。它利用班前或班后会的机会,抽出一小段时间组织学习,大家敞开思想,互相交流在工作、学习中的收获和心得体会,共享经验、共享感悟、共享信息、共享知识。由于活动简短、主题灵活、气氛活跃、形式多样,参加人员思想活跃、心灵开放、尽情享用学习的乐趣,所以得名为快乐的20分钟。

这是一种形式很自由,气氛很轻松的会议。当活动开始后,主持人可以由班组长担任,也可以由班组成员轮流担任,后一种方式更好。班组成员可以自由发言,内容、形式可以多样化,如谈个人学习的心得体会,讲述自己领悟到的人生哲理,讲富有启发的生动故事、寓言;也可以进行小型的演练和游戏,从中领悟一些道理;讲身边发生的事,及自己的感想,等等。快乐的20分钟的主题和基调都应该是快乐的,交流共享为主,不需做总结。

快乐20分钟活动还可以共分为几个队,玩一些小游戏。每队想出一个队名,然后按顺时针进行,先由第一队出来一个人说:"我来自哪个队,我叫什么,我今天展示的是……才艺,我要让第二队挑战。"以此类推……还可以有一些适当的奖罚:比如下一队在15秒钟之内没有出来挑战的,就减去1分,给展示队加1分。如果下一队挑战成功,给挑战成功那一队加1分。如果挑战失败,给展示队加1分,等等等等。

河南平顶山煤矿集团公司刘长平班组就是一个将快乐20分钟运用得相当好的班组。他们不是每天都举行,而是隔三差五地举行一次,这样既让员工们有期待,又保证了班组建设的良性有序发展。通常主持人召集若干人上台,人数一般都是奇数,当大家准备好时，主持人喊“泡泡糖”大家要回应“粘什么”，主持人随机想到身体的某个部位，台上的人就要两人一组互相接触主持人说的部位。比如，主持人说左脚心，那么台上的人就要两人一组把左脚心相接触。而没有找到同伴的人被淘汰出局。当台上的人数剩下偶数时，主持人要充当1人在其中，使队伍始终保持奇数人数。最后剩下的两人胜出。因为游戏并不具有技术和智力上的难度，所以在胜出人获得奖品时，还可以稍微刁难一下，比如让他站在椅子上用身体表现一个字（可以是他的名字之类）或者让他表演一个节目等。此游戏要注意，主持人喊出的身体部位要有一定的可实行性，要是不慎喊出上嘴唇，恐怕大家都得笑晕。

做游戏的目的是为了让快乐升级，让这快乐的20分钟效果更好，让班组更团结，相信在这样的“脑轻松”之后，组员们投入工作时，会异常的热情饱满。

快乐的20分钟是班前会的一种，但没有班前会那样正式，也不一定非要解决个什么问题。它最好不要对昨天的工作进行回顾，也别对今天的工作进行安排，它就是一个茶话会式的小活动。它可以对上个班次的生产情况进行总结和本班生产作进一步要求规范，对厂部车间新的方针政策和管理制度等进行宣读学习，但这种情况应该尽量避免。可以针对班前例会的单一性和教条性，由各班组轮流提出问题或者建议，大家一起讨论、研究，并且大家可以畅所欲言，提一些好的建议、想法。它可以充分发挥群体的智慧，发挥员工的主观能动性，提高班组的执行力。

快乐的20分钟需要营造快乐学习的气氛。活动参与者可以讲自己的学习体会，也可以聆听别人，不要有拘束。发言最好生动、形象，有幽默感，保持会场活跃，让大家轻轻松松地学到东西，学习成为一件快乐的事，大家在学习中都得到收获。对别人的发言如有不同意见可以保留，不可当场批评或指责他人。

20分钟不是一个严格的标准，总的原则是掌握时间不可太长，但要坚持经常。各个班组的具体情况不同，时间也可以灵活掌握。有的班组可以每天20分钟，有的隔天20分钟，有的可能每周安排一次一小时。

快乐的20分钟是一种交流、共享的团队学习方法，适用于学习型班组创建的各个阶段，并在日常工作学习中长期坚持，愈是持之以恒，愈能显现它的效果。但对于像工作研讨等一些正式的工作学习场合，只能起辅助作用。

2 大墙会议：写出你想说的

过去，班组的集体学习常常出现一种弊病：不是谁正确就听谁的，而是谁的官大就听谁的，权威人士的意见会左右普通员工的意见。这里讲的权威人士包括如班组长或参加学习活动的上级、有威望的业务骨干和非正式组织的领袖，他们发表的意见起决定性作用。这时，其他员工往往跟风，不敢轻易发表自己的看法，从而埋没了许多员工的创意。大墙会议创造了一种新的形式，让参加学习的员工摆脱这些权威人士的影响，充分发挥集体智慧的优势，自由地表达自己的看法，写出自己的真话和实话，把自己真实的想法有机会充分地表达出来。因为大墙会议给人以全新的感觉，留给人的印象特别深刻，因而都收到了良好的效果，从而成为一种应用广泛的团队学习方式。

会议前期要选择参加团队学习的人员，一般会议的规模控制在20人左右。出席的人选根据学习的议题确定，最好有比较充分的代表性，能够代表各种不同的观点，以便说明事实的真相和大家的真实观点。班组人数不足20人的，也可以全体参加，或者邀请与议题相关的兄弟班组或其他人员参加。会议设主持人1名，助手1～2名。

会议开始前，由助手给参加学习会议的人员每人发一支较粗的墨水笔和若干张白纸条，每张纸条的规格大体上宽11cm、长30cm，相当于A4纸的一半。

会议开始后，由主持人公布讨论议题。参与会议的员工发表自己独立的意见。发表的方式不是口述，而是将自己的意见用一句话写在白纸条上。为了让别人能看清楚，字迹不要潦草，字要写得大些。为统一格式，一律横写，纸条上不具名，以免发表意见的人有顾虑。一个人如有多条意见，要分别写在多张纸条上，一张纸条上只写一条意见。

主持人在助手帮助下收集写有意见的纸条，按意见的内容分门别类地归成几类，按类用胶纸粘贴在会场前面的墙上，让大家都能看见。如遇到纸条内容表达不清楚的，可以请本人解释，以便使与会人员正确理解他的原意。贴完纸条后，主持人可以再问一下还有没有意见要发表，因为有人可能受别人意见的启发而提出新的看法，务求所有的看法都提出为止。

会议主持人简要地报告讨论的结果，例如共有几种不同意见，每种意见的人数多少等，让大家客观地了解讨论的情况，但不要对这些意见评论其是非优劣，也不要轻易地下结论。

主持人也可以在总结讨论意见的基础上，提出希望大家进一步思考的问题，作为这次学习讨论的下一个议题，或会后研究的课题，目的是将讨论引向深入。要鼓励与会员工大胆地、充分地发表自己真实的意见，为此要防止在会上对别人的意见提出批评或进行争论，主持人更不能发表倾向性或引导性的意见，对讨论进行导向。

大墙会议要开得成功，议题一定要选择好。选题的原则是当前班组在创建过程中存在的主要问题，而且是参与学习讨论的员工共同关心的问题，希望通过大墙会议，充分了解大家的看法，集思广益，提出解决问题的思路。例如：

◆你认为学习型班组的学习与我们传统理解的学习有什么差别？

◆从我们的实际情况出发，创建学习型班组的切入点应选在哪里？

◆你认为我们班组存在的安全隐患主要是什么？

此外，议题的选择还要注意题目不要太大或过于复杂，使员工发表意见时无法用简短的语言表达。

2002年6月，大连路隧道工程遇到了棘手的问题，由于两台盾构同时同向推进，土层相互扰动影响了正常施工。怎么办？在这关键时刻，工地党支部决定开展“智慧墙”活动，这一想法很快得到积极响应，所有职工纷纷把自己的想法、点子贴在墙上。

山穷水尽疑无路，柳暗花明又一村。最终大家找到了解决的方法。注入了众人智慧的盾构又向前推进了。从此，这面“智慧墙”就成了大家讨论问题、解决难题、献计献策的园地。

大墙会议要注意提高会议效率，让大家保持既紧张又活泼的状态。大墙会议的议题不能太多，一般控制在3个以内，总时间不要超过1.5小时。在班组内运用时，为控制时间，可考虑每次讨论一个议题，时间掌握在半小时左右。

在学习型班组的创建过程中，大墙会议可广泛地应用于各个阶段。当需要充分发扬民主，需要员工敞开心扉发表自己的观点、听取各种不同意见，或者充分发挥员工的创意，为解决创建中遇到的实际问题毫无顾忌地出谋划策时，都可以采用这种形式。尤其在希望员工排除他人无形的干扰和影响，说出自己的真话、实话时，更能显示这种方法的优越性。它体现了集体的智慧和力量。通过这样的交流，不仅可实现知识信息的共享，而且可以使领导者了解每位与会人员的学习力强弱，便于从中发现人才，特别是善于进行右脑思考的创造性人才；也使每个与会成员能找到自己的差距，拓宽思路，为增强才干提供学习机会。

3 座右铭活动：与他人共勉

座右铭是中国优秀传统文化的产物，古即有之，流传至今。它属于铭的一种，写后放在座位的右边，用以激励、警策自己，并作为行动的指南。

在创建学习型班组的过程中开展座右铭活动，就是组织班组的全体员工从实际出发，将自己追求的理想和目标，或实现理想和目标的方法和途径，或为人处世的原则写出来，作为激励自己行为的指南。在生产现场工作的班组没有条件将它放在座位的右边，可以贴在休息室的墙上，时时警策自己，也和班组其他成员共勉。

对于员工来说，参加座右铭活动，不仅是一个反思人生、树立理想目标、提炼为人处世原则的过程，也是一个促进自我超越的过程。这有利于员工们增强创建学习型班组、争做知识型员工的动力和决心。

开展座右铭活动时，每位员工可以根据自己的人生追求，参照组织发展的要求，在规定的时间内提炼出自己的座右铭，要求文字精练、用词准确、个性鲜明、通俗易记，写在纸上；也可以在班组会议上交流员工各自写下的座右铭；还可以在班组活动室开辟一个园地，将每位员工的座右铭上墙公布，有的单位还将所有员工的座右铭印成小册，广泛交流。

为了践行自己的座右铭，组员们要定期或不定期地检查反思，以利改进；每隔一段时间，员工们要注意修订个人的座右铭，使之更加符合变化了的情况。

“业精于勤荒于嬉，行成于思毁于随”、“仰不愧天，俯不愧地，内不愧心”、“眼中有客户，心中有目标”……当走进吴江市震泽基层服务点客服组，醒目地映入眼帘的是每个客户经理案头那一句句励志的座右铭。2008年，吴江市分公司客服科开展了“人人一句座右铭”活动。活动要求全体客服人员结合岗位特点，自编自选一条言简意赅，具有一定的思想性、哲理性和激励作用的座右铭，立于案头，作为立身修心、奋发向上的目标，并接受同事间的相互督促。通过开展此项活动，全体客服人员增强了爱岗敬业精神，营造了“尚德重能 自律自强”的良好文化氛围。

座右铭活动是员工们出自为实现自己理想和目标的强烈愿望的产物，应当建立在自觉自愿的基础上。班组在组织这项活动时要多做引导、启发工作，让员工们真正体验到提炼座右铭对实现人生价值、活出生命意义的作用。任何简单号召或形式主义的做法都是有害无益的。

座右铭要朴实，它可以是名人名言，也可以是格言警句，还可以是自己对生活，对人生的总结或感悟，真正代表每个员工发自内心深处的肺腑之言，能够成为规范自己行为的指南。不要片面地追求辞藻华丽，结果华而不实，失去了座右铭的本来意义。

在创建学习型班组中，在理念导入到一定程度后即可开展座右铭活动，把学习到的新理念总结、体现到行动指南中，作为建立新理念的成果之一。即使原来已经有了座右铭的员工,也可根据新的认识修订自己的座右铭。

开展座右铭活动也是建立个人愿景的重要准备,因为它们都体现了员工的基本价值观和理想目标。有了座右铭的思考,愿景的提炼就有了一定的基础。

个人愿景和班组愿景建立以后,座右铭仍然需要,因为两者的侧重点不一样。愿景侧重在对员工核心价值观和目标远景的概括,而座右铭则侧重在个人行为的指南上。行为指南是在核心价值观指导下,为实现核心价值观制定的行动准则,两者互为补充。

4 头脑风暴法:思维在飓风中冲浪

头脑风暴法又叫智力激励法,是由美国创造工程学者、BBDO 广告公司副经理奥斯本在 1939 年首创的,最初用于广告策划。它是通过一种特殊的会议,让参加者在和谐的氛围下围绕一个议题无拘无束地发表意见,相互启发,相互激励,自由变换想法或点子,从而引发创造性设想的连锁反应和共振,诱发出更多的新思想、新观念。由于这种方法特别容易激发参与者的创意,可以得到比在常规讨论下多得多的新主意,甚至比较奇特的意见。虽然其中许多想法不切实际或异想天开,但以它为起点加以完善,可能策划出很好的方案,所以得到广泛的应用。

头脑风暴法也是一种很好的团队学习方法,将它引入到学习型班组的创建中,可以帮助员工突破固有心智模式的束缚,激发创意,发挥大家的潜能,促进系统思考,运用集体智慧,在共同学习中更聪明地工作。在风暴中,很多点子都是出其不意,脱口而出,往往闪着惊人心魄的灵智之光。当别人提出某个点子后,自己更可以在其基础上进行跳跃或发散思维,人们的思维无时无刻不在激荡,思维异常活跃,谓之在飓风中冲浪可谓恰如其分。

选项要做好一定的准备工作,比如准备会场、安排时间;明确会议议题和目的，确定会议组织者和参加人员名单，一般参加会议的人数控制在10人以内。

会议主持人宣布议题后，与会者可围绕议题自由发表自己的想法。为使大家能充分地表达想法，要求遵循以下原则：

◆参加会议的人员不分职位高低、年龄大小、资历深浅，在讨论中一律平等；

◆对会议中提出的任何思想、观点、意见和问题都不作评论，更不允许批评或指责别人的意见；

◆提倡异想天开、奔放无羁，设想愈离奇，愈应受到鼓励和表扬；

◆不允许用集体名义提出的意见压制个人的创造性思维；

◆发表的意见愈多愈好，追求数量，不计质量；

◆每人提出的意见，不论多么离奇，都要毫无遗漏地记录在案；

◆让大家充分发表意见，直到没有为止。

后期就是意见整理，要把大家在会议上发表的意见归拢整理，从中发现可以进一步加工、完善后值得采用的方案。同时还要思考是否还有其他更好的方法，是否可以借鉴过去采用过的方法以及是否有其他替代方案。

有一年，美国北方格外严寒，大雪纷飞，电线上积满冰雪，大跨度的电线常被积雪压断，严重影响通信。过去，许多人试图解决这一问题，但都未能如愿以偿。后来，电信公司经理应用奥斯本发明的头脑风暴法，尝试解决这一难题。他召开了一种能让头脑卷起风暴的座谈会，参加会议的是不同专业的技术人员，要求他们必须遵守以下原则：第一，自由思考。即要求与会者尽可能解放思想，无拘无束地思考问题并畅所欲言，不必顾虑自己的想法或说法是否“离经叛道”或“荒唐可笑”。第二，延迟评判。即要求与会者在会上不要对他人的设想评头论足，不要发表“这主意好极了！”“这种想法太离谱了！”之类的“捧杀句”或“扼杀句”。至于对设想的评判，留在会后组织专人考虑。第三，以量求质。即鼓励与会者尽可能多而广地提出设想，以大量的设想来保证质量较高的设想的存在。第四，结合改善。即鼓励与会者积极进行智力互补，在增加自己提出设想的同时，注意思考如何把两个或更多的设想结合成另一个更完善的设想。

按照这种会议规则，大家七嘴八舌地议论开来。有人提出设计一种专用的电线清雪机；有人想到用电热来化解冰雪；也有人建议用振荡技术来清除积雪；还有人提出能否带上几把大扫帚，乘坐直升机去扫电线上的积雪。对于这种“坐飞机扫雪”的设想，大家心里尽管觉得滑稽可笑，但在会上也无人提出批评。相反，有一工程师在百思不得其解时，听到用飞机扫雪的想法后，大脑突然受到冲击，一种简单可行且高效率的清雪方法冒了出来。他想，每当大雪过后，出动直升机沿积雪严重的电线飞行，依靠高速旋转的螺旋桨即可将电线上的积雪迅速扇落。他马上提出“用直升机扇雪”的新设想，顿时又引起其他与会者的联想，有关用飞机除雪的主意一下子又多了七八条。不到一小时，与会的10名技术人员共提出90多条新设想。

会后，公司组织专家对设想进行分类论证。专家们认为设计专用清雪机，采用电热或电磁振荡等方法清除电线上的积雪，在技术上虽然可行，但研制费用大，周期长，一时难以见效。那种因“坐飞机扫雪”激发出来的几种设想，倒是一种大胆的新方案，如果可行，将是一种既简单又高效的好办法。经过现场试验，发现用直升机扇雪真能奏效，一个久悬未决的难题，终于在头脑风暴会中得到了巧妙的解决。

头脑风暴法运用的好坏，关键在于在短时间内把参与者的创意充分激发出来，为此要让大家的头脑处于高度兴奋状态。会议的议题一定要非常明确，会议的时间不要太长，一般控制在20分钟到1小时之间。会议要严格遵循四个原则：追求数量，不要批评，自由发言，团队精神。

头脑风暴法特别适用于习惯发散性思维或具有外向型性格的员工，会议的气氛可以将他们的创意在很短的时间内调动到极致。

头脑风暴法其实有很多变种，有的采用书面和口述结合，有的允许批评讨论，在应用时可根据班组的实际情况灵活应用，不必拘泥于一定的模式。有些员工习惯于逻辑性思维，不喜欢人多嘴杂、热闹无序的场合，可以改成书面方式的头脑风暴法，或称默写式头脑风暴法。

头脑风暴法可以广泛地应用于学习型班组创建的各个阶段，如：

◆在制订创建计划时确定创建的项目和创建的切入点；

◆将个人愿景汇总、提炼出班组愿景；

◆在团队学习与工作中集思广益，加深认识，分析原因，提出解决问题的措施；

◆改善员工参与班组自主管理、进行班组工作的创新变革活动，等等。

5　标杆学习：向卓越看齐

学习型班组的一个重要特征就是善于学习，根据工作的需要组织学习，通过学习改进工作。而把学习的基准定位在选定的标杆班组上，这是班组员工发挥潜能、自我超越精神的体现。标杆学习是现代管理中常用的一种学习方法，它是以领先的班组（可以是组织内部的班组，也可以是组织外部的班组）为基准，将本班组的产品、服务、设计、设备、流程及经营管理实践与基准进行定量化的评价、比较，分析基准班组绩效优秀的原因，并在此基础上加以整合、改进，采取措施改善自己班组实际绩效的管理方法。

在创建学习型班组的过程中，推行标杆学习有助于扩大学习的视野，改进班组工作，提高班组业绩，把创建工作与班组日常工作有机地结合起来，成为创建工作的有力工具。

由于它具有工作与学习紧密结合的特点，能够满足围绕组织中心工作和班组业务工作进行创建的需要，适用于热望自我超越、积极进取的各个班组，因而在创建学习型班组的工作中得到广泛地应用。

在推行标杆学习时，班组成员在树立学习型组织理念的基础上，要达成共识，决心通过标杆学习实践新的学习理念，通过学习与工作的紧密结合，改进班组工作，提高班组业绩。班组在向标杆学习时，班组长要经过班组成员的反思找差，认清班组建设的主要矛盾，以及提高班组业绩、促进员工成长的关键成功要素，从而确定创建工作的主要课题，也就是标杆学习的主题。根据学习的主题，选择既具有相当高度、又在本班组目前的实力和资源条件下适合学习的标杆，作为学习的对象。按确定的学习主题，收集标杆班组的相关资料和数据，对照本班组的情况分析比较，从中找到自己存在的差距及其原因所在。针对差距和原因，提出改进措施，并付诸实施，以便消除差距。消差变革的重点在于改进关键流程。

班组在向标杆学习时，班组长要在班组内部进行分工，根据每位员工的岗位和专长，对口学习标杆班组的相关理念、业务、技能和方法，并做好充分的准备，包括思想、业务和资源配置上的准备，必要时向有关部门申请培训。

实际上标杆就是榜样，这些榜样在业务流程、制造流程、设备、产品和服务方面所取得的成就，就是后进者瞄准和赶超的标杆。中国有句古话，“以铜为鉴，可以正衣冠；以史为鉴，可以知兴替；以人为鉴，可以明得失”。其实，做企业也是这样。在自己面前树立一面镜子，明得失，找差距，而后才能进步。

标杆管理方法较好地体现了现代知识管理中追求竞争优势的本质特性，因此具有巨大的实效性和广泛的适用性。如今，标杆管理已经在市场营销、成本管理、人力资源管理、新产品开发、教育部门管理等各个方面得到广泛的应用。其中杜邦、Kodak、通用、Ford、IBM 等这些名企业在日常管理活动中均应用了标杆管理法。而在我国像海尔、雅芳、李宁、联想等知名企业也通过采用标杆管理的方法取得了巨大成功。

1992 年初，美孚石油对加油站的 4000 位顾客进行了服务质量调查。结果发现仅有 20%的顾客认为价格是最重要的。其余的 80%想要三件同样的东西：能提供帮助的友好员工、快捷的服务和对他们的消费忠诚予以认可。而在这几方面，美孚的现状与顾客的要求之间差距还很大。为此，美孚组建了以速度(经营)、微笑(客户服务)、安抚(顾客忠诚度)命名的三个标杆学习小组,以期通过向标杆学习最佳管理模式,努力使客户体会到加油也是愉快的体验。

速度小组锁定了为"印地500大赛"(类似于F1赛车)提供快速加油服务的潘斯克(Penske)公司。速度小组仔细观察了Penske如何为通过快速通道的赛车加油:这个团队身着统一的制服,分工细致,配合默契。速度小组还了解到,Penske的成功部分归于电子头套耳机的使用,它使每个小组成员能及时地与同事联系。

微笑学习小组选择了以微笑服务著称的丽嘉一卡尔顿酒店。学员考察了丽嘉一卡尔顿宾馆的各个服务环节,以找出该饭店是如何获得不寻常的顾客满意度的。结果发现卡尔顿的员工都深深地铭记:自己的使命就是照顾客人,使客人舒适。微笑小组认为,美孚同样可以通过各种培训,建立员工导向的价值观,来实现自己的目标。

安抚小组到"家居仓储"去查明该店为何有如此多的回头客。在这里他们了解到:公司中最重要的人是直接与客户打交道的人。没有致力于工作的员工,就不可能得到终身客户。这意味着企业要把时间和精力投入到如何招聘和训练员工上。而在美孚公司,那些销售公司产品,与客户打交道的一线员工传统上被认为是公司里最无足轻重的人。安抚小组的调查改变了公司的观念,使领导者认为自己的角色就是支持一线员工,让他们把出色的服务和微笑传递给客户,传递到公司以外。

美孚通过标杆学习形成了新的加油站概念——"友好服务"。"友好服务"与其传统的服务模式大不相同。希望得到全方位服务的顾客,一到加油站,迎接他的是服务员真诚的微笑与问候。所有服务员都穿着整洁的制服,配有电子头套耳机,以便能及时地将顾客的需求传递到便利店的出纳那里。希望得到快速服务的顾客可以开进站外的特设通道中,只需要几分钟,就可以完成洗车和收费的全部流程。

美孚石油开展的标杆学习使加油站的平均年收入增长了10%。

标杆学习是学习先进、提高自己的行为，必须抱着虚心学习的态度。否则可能出现两种极端情况：一是觉得标杆班组的先进经验只不过如此，我们也不见得比他们差，认为没有什么好学的；二是觉得标杆班组的人员素质高、客观条件好，我们学不了。这样，标杆学习就学习不下去了。

有些班组在向标杆学习的过程中，一开始热情很高，但浅尝辄止，只学到一些皮毛就深入不下去了。主要原因是在学习前准备不足，缺少明确的主题和目标，存在相当的盲目性；在学习中又不能透过表面现象看到别人优秀的真正原因。所以在组织标杆学习时一定要带着自己的问题，善于发现，善于思考，将标杆班组卓越的精华学到手。

学习的时候切忌照抄照搬标杆班组的经验。一是不要简单地否定自己，在学习标杆的过程中把自己的好经验、好传统丢了；二是要因地制宜，在标杆班组适用的做法，在自己班组不一定行得通；三是贵在学习的基础上创新，争取比标杆班组做得更好。当然创新要建立在学习的基础上，创新是学习的延续。总之，重在向标杆班组学精神、学理念、学本质，而不是依样画葫芦地简单抄袭。

6 六顶思考帽：都戴上会更好看

六顶思考帽是由英国爱德华·德·波诺博士首倡的一种激发组织成员智力潜能的思维管理工具。它运用平行思考方法，引导组织中每个成员在一定的时刻都对同一问题进行平行思考，即从同一个方向进行观察和思考，把所有的观点都平行地排列出来，使问题得到全面的观察，而不致各执己见地争论和冲突不休。至于观察和思考的方向是可以根据需要改变的，但同一时刻大家都采用同一个方向，这就允许人们的大脑在不同时间对不同方向的敏锐度达到极致。

六顶思考帽就是用六种不同颜色的帽子代表六种不同的思考方向，引导人们像戴上和脱下帽子那样形象地转换思考方式，有秩序地依次从不同视角去观察和思考问题。六顶思考帽的代表的意义是：

◆白色思考帽：白色代表中性和客观。白色思考帽思考的是客观的事实与数据；

◆红色思考帽：红色代表情绪、直觉和感情。红色思考帽提供的是感性的看法；

◆黑色思考帽：黑色代表冷静和严肃。黑色思考帽意味着小心和谨慎，指出风险所在；

◆黄色思考帽：黄色代表阳光和价值。黄色思考帽是乐观、充满希望的积极的思考；

◆绿色思考帽：绿色代表丰富、肥沃和生机。绿色思考帽指向创造性和新观点；

◆蓝色思考帽：蓝色是冷色，也是天空的颜色。蓝色思考帽是对思考过程和其他思考帽的控制和组织。

在创建学习型班组的过程中，六顶思考帽是一种有效的学习和工作的工具。明确学习思考的对象和目的，是解决某个问题，还是建议一项行动，对问题和目标进行明确的界定。根据学习和解决问题的需要，设计六顶帽子的思考序列，为此必须对每一顶帽子的功能有一个深刻的认知。

六顶思考帽为人们建立一个有效的思考框架。思考的一个重大障碍在于混乱，如果在思考中情感、信息、逻辑、希望、创意同时出现，常常会引起思考的混乱。六顶思考帽就是要将它们区分开来，让思考者在在同一时间内只做一件事，这就能大大提高思维和决策的效率。

六顶思考帽可以培养人们多种不同的思考方式。人容易形成习惯性思维，从而产生思维上的障碍和误区。比如有的人生性比较保守谨慎，遇到问题习惯从最坏处着想，看到的问题都是灰色的。六顶思考帽引导人们从多视角思考问题，可以有效地克服习惯性思维带来的负面影响。

六顶思考帽特别适用于团队学习。因为在团队学习中不同成员思考的方向会不同，而且当存在不同意见时，人们往往用有利于自己观点的根据去争论不休。六顶帽子思考法可以引导大家将思考的注意力集中到同一个方向，然后通过交流，把问题看深、看透。这样，最后的结论便自然而然地得出了。

按设计的六顶帽子的思考序列组织学习，根据学习和思考的进程及时地转换帽子，这里要注意转换的艺术，转换得恰到好处，最好不让对方感觉到转换得生硬勉强，使思考的方向非常自然地延续、深化。

学习思考成果的交流，这时要注意控制每人发言的时间，以促使人们集中精力解决问题，减少无目的的耍嘴皮时间。交流中要注意倾听，也可以询问别人的意见。归纳和总结用六项思考帽思考的结果，获得共识和结论。

使用六顶思考帽要遵守共同的游戏规则，人们在同一时间按同一方式进行思考，不能有些人在按黑色思考帽思考，而同时另一些人在按白色思考帽思考；也不能有的人被指定专门按黑色思考帽思考，而另一个人用白色思考帽思考。但这并不意味着要求改变人们的思想个性，帽子的颜色只是代表思考的方向，并不是对事件的描述，更不分析行为后的动机。相反，只有充分发挥每个成员的个性化发散性思维，才能体现出它的优势。

思考帽的运用没有统一的模式或顺序，而且可以某色帽子单独使用，也可以一个接一个地连续使用，完全根据学习思考的需要，由主持人灵活掌握。通常情况下不推荐六顶帽子轮流用一遍，因为一般情况下不需要这样做，而且会占用很多时间，冲淡了对问题本身的讨论。但蓝色思考帽在学习讨论的开始和结束时通常都会用到，以明确学习讨论的目的和得到结论。

使用六顶思考帽要处理好个人与团队的关系，个人的学习思考可以使用，团队的学习思考更加适用。在团队应用六顶思考帽时，要获得参与者的认可，参与人员不论资历高低一律以平等的地位思考、对话，并允许个人在相应的思考帽下自由地提出自己的见解。

第八章　评价创建质量，走出创建误区

学习型班组的评价是一个不可或缺的环节，创建的效果如何，需要客观评价。评价应坚持一定的标准和坚持整体性原则。在实际的创建工作中，由于人们对学习型班组的理解有偏差，常常容易陷入一些误区，如认为没有时间搞创建、创建只是班组长的事等等，致使创建学习型班组的工作走了弯路，这些都是应该避免的。

1 创建成果评价应该坚持系统性

评价学习型班组创建成果的基本思路是通过制定标准和实施评价，将学习型组织理论与班组建设工作有机结合，提供创建途径；全面反映学习型班组创建现状，为总结创建经验、查找不足提供可靠依据；激励创建先进，为学习型班组创建工作提供正确导向，以推动学习型班组创建达到新的水平，促进企业和员工的不断发展。

对学习型班组的创建成果进行评价时，要坚持系统的原则。所谓系统性，就是要能够全面体现学习型班组创建系统的状况。一是要评价班组创建工作所应包含的内容，即针对愿景、学习、创新等各个方面都要有相应的评价标准；二是对班组创建过程的方案设计、实施运行和取得的效果都要进行评价，只注重结果或只重视方案都是不正确的；三是要注重综合评价班组创建活动取得的成果及其依据，除文字材料外，班组成员的言谈举止、精神风貌以及班组的工作情况、现场环境等都可纳入评价的范围。

学习型班组创建是一项系统工作，不仅要从整体上去把握创建的各个方面，更要从发展中把握创建的过程和各个环节。为不断推进创建工作，努力实现共同愿景，班组长必须对创建工作的过程及其结果实施控制。而评价是控制的核心内容，对学习型班组的创建成果进行评价是创建过程不可或缺的重要环节，在推动学习型班组创建中发挥着重要作用。同时，正确地评价创建成果，也是学习型班组创建工作的难点之一。

在评价学习型班组的创建成果时，应以系统的观点认识学习型组织的创建工作，坚持系统性。过程控制本身就是学习型组织理论的要求。一方面，过程控制是系统思考理念的基本要求和在创建工作中的具体体现和贯彻；另一方面，过程控制也是学习型组织理论与班组建设工作实践紧密结合的关键环节，是实现组织学习的必由之路。在创建工作中，班组应当在制订方案、明确标准、建立体系的同时，更要重视体系的运行控制。也就是说，班组应当及时地掌握创建实施的进程，在创建过程中发生的变化、出现的问题、存在的偏差，从而能够将过程进展与创建目标加以比较，并根据二者的差距，纠正标准、改善措施，开始新一轮的控制。通过这样连续不断地调整、控制，最终达到班组愿景的实现。而对过程反馈信息进行评价的依据就是班组的共同愿景和创建标准。

对班组创建成果进行系统控制要从定期检测运行效果开始。班组的创建工作进行一个时期后，要将检测的结果与预期的标准进行比较。如果检测效果达到了预期标准，则继续维持既定方案；当发现偏差或不足时，则制定相应的纠正措施。在制定纠正措施时，还要考虑这种偏差是否仅在系统运行过程中产生，是运行过程中出现的问题。如果是这样，直接修正实施的过程就可以了；如果是由于方案本身存在问题而产生的，则需要采取更进一步的措施，制定新的创建方案。

学习型班组的创建是一个长期的过程。在这个长期的过程中，每个阶段都有不同的目标和工作的重点，不可能以一个标准贯彻始终。因此，在注重整体性的前提下，要在不同的阶段突出不同的评价重点。比如，在创建初期，应当更加强调理念的引入、体系的建立等。因为，学习型组织创建的成效往往要经过一个较长的时间才能展现。一味地强调短期的效果，往往欲速则不达，甚至扼杀了可能会带来长期效果的尝试。随着班组创建的不断深入，对学习型班组的评价重点也要进行相应的调整。这种评价重点的调整主要通过修订评价标准来实现。

创建学习型组织，可以系统地分析，但没有固定的模式。可以系统地分析，说明任何一个班组的创建工作都应当遵循一定的规律，从系统的角度中找出这种规律性，就能够认识和评价学习型组织的创建过程及其成果，这是共性的一面，也是制定标准、评价创建成果的理论依据；没有固定模式，则说明不可能给每一个班组、每一个体系、每一个阶段都确定详尽、精确的评价指标,这又是个性的一面。在制定评价标准和具体评价过程中,既要体现共性,引导班组自觉地遵循规律,并使班组间的比较尽可能地客观,又要兼顾个性,考虑不同班组的不同情况,认可班组独特的创建方式,为创建班组留出自由发展的空间,使广大班组的创建实践更加丰富多彩,特色纷呈。也就是说,“规定动作”不可少,“自选动作”不可无。

2 内部评价和外部评价都要兼顾

对班组创建工作进行评价,可分为两种形式:内部评价和外部评价。这是两种非常适用而且效果很佳的评价方式,在对班组创建质量进行评价时,要兼顾这两种评价方式,才能达到最佳效果。

内部评价是指班组成员对本班组创建过程的评价,也就是对照标准实施控制的即时过程。内部评价是创建系统的重要组成部分,具有重要的作用:通过内部评价,班组成员能够及时、准确地判断创建过程取得的成绩、存在的问题,并能够适时采取纠正措施。同时,班组成员通过对自身行动结果的回顾、总结、反思,进一步加深对学习型组织理论的理解,增强运用学习型组织理论的能力,是一个对学习型组织理论及其实践进行再学习的过程。

外部评价是指由班组之外的人员对班组创建工作进行的评价,主要是创建工作的组织指导部门选派人员,以创建标准为主要依据,定期对创建班组进行的评价工作。其目的主要是:

◆了解参评各班组创建的基本情况,整体把握本单位班组创建工作的进展。

◆评选创建工作中涌现出的典型,并总结推广先进班组的创建经验。

◆通过授予荣誉称号和物质奖励等形式对创建先进班组进行激励。

◆对基层班组的创建工作提出指导性意见,帮助班组做好下一步创建工作。

对学习型班组实施外部评价的方法很多。评价的目的不同，评价的方式也随之发生变化。一般来说，评价的方法有：

◆定期综合评价。以年、半年或季度为时间单元，运用多种方式，对学习型班组进行综合评价，是对创建班组进行正式的、全面的、考核性的评价。这种评价具有权威性，是对班组进行正式激励的主要依据。

◆不定期评价。打破常规的时间界限，根据需要，在企业认为合适的时候实施评价。不定期评价能够使评价者了解创建班组的日常状况，是定期综合评价的有益补充。

◆班组互评。同一企业内的不同班组之间，进行互相评价。可采取一对一或循环的方式确定评价对象。这种评价的目的主要是促进评价班组之间互相学习。

◆抽样考核评价。随机或按类别抽取部分班组作为样本实施评价。主要用于对企业班组建设整体状况进行把握。

◆现场考查。到被评价班组的工作现场进行实地考察，以收集有关资料和信息。一般作为其他评价方式的补充。

◆问卷与访谈评价。采取对班组的服务对象、上级发放问卷或访谈的方式，收集被访者对被评价班组的评价信息，从而对有关班组进行评价。一般作为其他评价方式的补充。

◆其他评价。除对班组创建方案、过程及成效进行现场检查外，企业还可采取组织竞赛活动等形式，对创建班组进行评价。通过多种形式，为创建班组搭建展示平台，既能达到展示成果、交流经验、激励先进的目的，又能活跃创建氛围，鼓舞创建热情，激发创建活力，是一举多得的好形式。

对于一个班组的创建来说，内部评价固然重要，但外部评价也必不可少。内部评价很重要的一个思想来源恰恰就是外部评价与自我认知的冲突。一个看似否定的外部评价可以帮助我们重新认识自己，或调整内部评价，或巩固原先的内部评价。从这个意义上来说，任何一个善意的批评都可以转化为无价之宝。所以中国才会有“他山之石,可以攻玉”的说法。一般来说,能够把外部评价当作不断丰富和提升自己认识水平的主体是一个有自信有智慧的主体,这个主体的自我认识和评价水平是很高的,它有足够的自信面对多样化的外部评价。不过从另外一个角度来看,作为内部评价,其最大优点所在,往往潜藏着最大的不足;最大优势的发挥,往往带出明显的劣势。强弱相生,优劣互存。自信到狂妄与自卑到失去自我是一个硬币的两面。

外部评价和内部评价互相作用,在一定的条件下能逐步达到“重叠共识”,不同的主体总有不尽相同甚至相反的需要,尽管如此,不同的评价通过交互作用总还可以找到共同的交叉面,在这些交叉面存在的地方,彼此理解就能达成。

在具体的实话中,内部评价和外部评价作用不同、性质不同,不可相互替代。学习型班组创建过程控制的基本模式图已经明确指出,评价是学习型班组创建过程的必要内容。从创建活动的根本目的而言,内部评价具有更加重要的意义,它是班组成员学习、进步、发展的内生机制。从以上的分析,可以得出这样的结论:评价本身不是目的,它是推动创建系统循环和发展、促进创建目标实现的必然环节。评价是内生的,而不是外赋的。因此,评价的目的也必然是系统发展的内在要求,而不是系统之外的目的。通过评价为创建班组授予称号、给予激励是推进创建工作开展的重要手段,但这不能替代班组创建的根本目的。相反,抱定了创建决心、认真地实施和对待内部评价、努力地去实现班组共同目标的班组,就一定能够获得外部评价的认可。

内部评价与外部评价在学习型班组创建中所起的作用不同,但都对推动创建工作具有重要的意义。因此,在评价创建成果的过程中,要充分发挥两种评价的重要作用。一个完整的评价过程,也是内部评价与外部评价相结合的过程。一方面,内部评价既是班组创建的内在要素,是班组成员正确把握创建进程、在创建中学习的过程,又是外部评价的基础。通过内部评价，总结创建过程及成果，找出存在的问题和不足，形成关于创建工作的基本材料，为外部评价提供了依据。另一方面，在了解班组内部评价成果的基础上，外部评价人员对基层班组的意见、建议以及评定的等级，也有助于班组增强对自身创建工作成果的认识，明确下一步创建的努力方向。

3　创建成果评价应坚持一定标准

在评价学习型班组的创建成果的过程中，相比于外部评价，内部评价是一种更加重要也运用得更多的方式。内部评价方式有正式和非正式之分，但没有一定之规。班组可以通过召开专题会议、开展深度会谈、撰写工作总结、组织成果发布等形式，定期对创建过程进行回顾、总结、反思；也可通过组织活动、自由交流、局部讨论等非正式沟通方式，不定期地了解和把握创建进程。

班组在实施内部评价的过程中，特别要注意的是评价标准的适宜性。即评价标准要符合班组的实际，既要高于班组目前的实际状况，又不能高不可攀，无法实现。达到这一要求，就必须坚持从实际出发，把一般性的创建标准与班组情况相结合，以班组制定的愿景目标为主线，由班组成员共同参与制定，并得到班组成员的共同认可。

没有标准，评价活动就失去了依据。为了推动全国学习型班组的创建活动，为了更好地指导全国开展“创争”活动，中央十部委下发了《全国“创建学习型组织，争做知识型员工”活动考核评价指标体系实施办法(试行)》(以下简称《实施办法》)，为学习型班组的创建、运行、考核等方面提供了权威的原则和标准。

《实施办法》将评价指标分为三级，其中一级指标为创建要素，包括创建目标、学习力、凝聚力、执行力、创新力五个方面。根据每项要素涵盖内容的逻辑关系,《实施办法》将五项要素逐项展开并加以细分,形成了二、三级评估指标体系,并按百分制,根据指标与学习型班组创建成果的重要程度,对每项指标给予不同的分值。

企业应根据本单位的具体情况,制定适合本行业、本企业的评价细则,以此为评价的依据。评价细则的结构与形式均可借鉴全国创争办《学习型班组(科室)考核评价要素指标》,内容上应包括要考察的要素、指标的标准及分值,明确班组晋等升级的标准、方法、步骤等。

评价标准发放到各单位和班组后,创建班组应当根据评价标准的要求,结合本班组的实际,制定创建方案,组织创建活动。车间和各单位要为创建班组提供必要的支持,按照标准要求,定期对创建班组进行检查、指导,帮助创建班组持续推进,提高水平。接到企业组织班组评审工作的通知后,在班组自评申报的基础上,车间提出申报意见。各单位班组建设领导机构组织人员对申报班组进行检查,并结合日常检查的情况,对班组做出全面、客观的评价。在此基础上,向企业学习型班组创建评审小组提出创建班组申请名单,并按规定上报材料。

评价前,应根据本企业特点,确定评价方式,制定评价实施方案并发放到各参评单位。班组是企业的最基层组织,有着地域分散、职能各异、特色鲜明等特点。因此,对学习型班组创建工作进行评价,必须把遵循学习型班组创建的一般标准与体现班组的创建特色结合起来。这就要求评价人员在了解班组按照创建标准申报材料的基础上,进一步深入班组,通过看、听、查、测等综合方法,对参评班组做出全面客观的评价。

依据看、听、查、测等方法获得的关于此班组的综合信息和创建标准,评审小组成员统一意见,对每一个班组给出适当的评价。所有班组评审过程结束后,学习型班组评审小组要撰写《评价报告》,向班组建设领导机构汇报。根据批复意见,公布评价结果,及时给予激励。

如何衡量一个学习型班组是否成功?学习型班组考核评价要素指标给了我们详尽的指南,它抓住学习型班组的精髓,从以下五个要素进行探询评价：

一是是否达到了创建目标。提出“创建目标”要素的目的是什么，在于让我们知道自己想要什么，并且知道结果是什么样的。学习型班组的目标，是建立在班组员工信念基础上的，是与班组的共同愿景紧密相连的，这个目标还要与企业的目标规划相融相通，它是对企业大目标和愿景的支撑，也是班组每位员工个人愿景的汇集，所以，班组的目标一定是得到每位员工确立和认同的。

二是是否提升了学习力。看学习力是否真正得到了提升，只有看实际绩效才能得到真实反映。现代企业需要的员工是具备综合知识技能的高素质人才，在原有基础上员工业务技术能力和技术水平的不断提高，是衡量学习型班组成长的重要尺度。在学习投入上应从学习时间、经费保障、设备与场地、制度与载体等方面给予充分的考虑，学习内容必须根据班组自身需要量身订做，能够致力于组织的整体推进，避免班组学习流于形式，或混同于一般的读书自学活动。有必要如实地记录班组学习的时间、内容，定期进行学习效果反思，使班组学习朝着有利的方向深入，使员工素质得到不断提高。

三是是否增强了凝聚力。团队精神可以使团队保持高效的活力，积极进取，不断地产生能量。能量来自于班组每一员工的努力。每位员工的勤奋、忠诚、敬业的精神，班组员工之间的相互信任、相互支持、相互交流与沟通，对构成团队精神是不可缺少的。班组长不仅应领先于团队成员学习、培育自己的能力素质，更应当运用自己的知识和能力担当起创建学习型班组的重任，各方面起表率作用，发挥核心作用和凝聚作用。

四是是否提高了执行力。一个有执行力的企业是具有核心竞争力的企业，作为企业大厦基石的班组必须具备好的执行力，有效地完成任务，100％地完成任务，超额地完成任务。学习型班组执行力的体现是圆满完成各项工作指标和工作任务，实现优质服务，达到全年零事故、零投诉，工作质量成绩突出。

五是是否拓展了创新力。学习型班组通过学习培育创新思维，拓展创新力，在班组内倡导自我超越精神，树立创新精神，形成“比学赶帮超”的环境与氛围，并运用各种创新方法，开展课题研究、进行合作攻关、创造发明、专题讨论等创新活动。创新思维要成为现实绩效，还必须制定创新计划并实施创新行动，通过开展合理化建议、技术攻关、发明创造、技术创新比武等实践活动，促使创新思维转化为创新成果，运用各种形式、各种方法宣传、推广、利用创新成果。

运用《创争考评体系》中的学习型班组考核评价要素指标对学习型班组进行评价，可以通过班组的自查、自评和自我诊断，寻找存在的问题和差距，进而找出消除差距的方法和途径，促进班组的发展，实现新的跨越，更好地推动“创争”活动深入、持久地开展。

绩效评价难以量化是管理中的一个难题，对于学习型组织的评价，也同样如此。在学习型班组创建过程中，对于团队学习氛围、个人和团队工作技能提高以及团队整体能力的提升等方面的成果，都很难用确定的数字来测定。而且试图用数字去说明程度、氛围、趋势、系统的性质等等，可能会使评价过程变得僵硬而不切实际。但这并不是说对学习型班组的评价就没有可量化的因素。特别是在对方案的设计和运行进行评价时，就有很多可以量化的指标，如建立的制度、活动的频度等等。即使在对效果进行衡量时，也可以有一些量化的指标，如评价班组愿景时，愿景中具体指标是否实现就可以量化；在评价学习、创新时，证明个人知识、技能增长以及班组创新成果数量、质量的有效证件也可以设为指标，作为定性评价的重要补充。因此，对学习型班组创建成果的评价是能够实现定量与定性相统一的。

4 工作多，任务重——没有时间搞创建

有一则煮青蛙的寓言：如果你把一只青蛙放进沸水中，它会立刻跳出

来。但是如果你把青蛙放进温水中，不去惊吓它，它将待着不动。如果你慢慢加温，当温度从21度升到26度时，青蛙仍显得若无其事，甚至自得其乐。当温度慢慢上升时，青蛙变得愈来愈虚弱，最后无法动弹。虽然没有什么限制它脱离困境，青蛙仍留在那里直到被煮熟。为什么会这样？因为青蛙内部感应生存威胁的器官，只能感应出环境中激烈的变化，而不是针对缓慢、渐进的变化。

企业的危机随时存在，而危机在初期，增长总是如此缓慢，以至于你很难注意到它的增长。但是，突然间，它就可能变成庞然大物，如果反应迟钝，缺乏危机感，一旦危机爆发，就无可挽回。

许多班组在创建过程中都遇到了工学矛盾的困扰，尤其在一些从事技术、设计、研究工作的单位里，由于工作任务又重又急，员工们经常加班加点还感到时间不够用，工学矛盾更加突出。因此产生了工作太忙，没有时间搞创建的思想和态度。

其表现形式有以下几种方式：

◆最近班组工作太多，没有时间搞学习活动，创建学习型班组的事等空一点再说吧；

◆工作已经够累的了，哪有精力再去组织学习；

◆工作任务这么重，不要额外再搞什么活动，去占用大家的时间了。

工作多、任务重是许多单位都存在的具有共性的事实，但是如果冷静下来具体地分析一下：我们真的没有时间学习了吗？事实不是这样的。在实际生活中，时间的浪费、时间利用的低效现象比比皆是，提高时间利用效率的潜力很大，关键是要善于管理时间，把时间资源利用好。为什么同样是工作忙、任务重，有人就能处理好工学矛盾，有人却不能？说明时间是有“弹性”的，只要你善于钻、善于挤，再忙也能挤出时间来学习。

在创建学习型班组过程中，存在工学矛盾是表面现象，工作学习互相促进才是事实的真相。工作多、任务重不仅不是放弃创建活动的借口，而是应该创建学习型班组的理由。组织学习教会人们更聪明地工作，而不是简单地去拼体力,低水平地重复工作。所以,工作愈多、任务愈重,愈要加强学习型班组的建设。

其实,有没有时间不是问题的本质,真正的问题所在是把班组的业务工作与创建学习型班组对立了起来,认为创建学习型班组会占用工作时间,从而影响工作。这实在是一种误解。创建学习型班组的目的,是帮助班组员工运用组织学习的理论和方法去指导和改进班组的工作,解决工作中遇到的难题,提高工作绩效,最终促进个人和组织的同步发展。两者不是对立的关系,而是促进的关系。创建学习型班组在形式上会占用一些时间,但是这些时间用来组织学习、提高能力、交流经验、共享知识,发挥团队的智慧去解决工作中遇到的问题。它和工作的关系,好比磨刀和砍柴的关系,处理得好不但不会影响工作,相反由于工作效率的提高、工作难题的解决,还会促进工作。如果算算总账,反倒节约了时间。

生活中有些人成天坐着没事干,饱食终日,无所用心,每一天在重复着自己,他们今天跟昨天一样,昨天跟前天也一样,很难往前走一步。这些人为什么不会往前走?他们认为:多一事不如少一事,多做多错;学习不学习无所谓,不学习照样生活;更有一种人以为学历已经到手,学习可以不必了,缺乏终身学习观念;这种人缺乏学习力。

用学习来指导行动吧,孔子强调“学而不厌”“发愤忘食”,认为只有学习才能不断激励一个人向上的品行,提高实践能力。一个人的成功是建立在学习基础上的。“剑虽利,不厉不断;材虽美,不学不高;故学然后知不足。”

也有一些人觉得处理日常工作已经身心疲惫,哪里还有时间学习。现代社会,节奏快,竞争激烈,工作任务一个接一个。但如果对“学习”有正确的认识,对“学习工作化,工作学习化”有正确的理解,就会有学习的动力,就会事半功倍。

针对工作多,任务重,没有时间搞创建的问题,可以通过下面途径加以解决。

要提高对学习型组织理论的认识，从思想上弄懂弄通创建学习型班组活动能帮助每个成员更聪明地工作，去应对繁重的工作压力，而不是增加班组的负担。要正确处理好创建学习型班组和业务工作的关系，真正做到用创建活动促进班组工作。很多班组在这方面积累了有益的经验。例如，上海锅炉厂一个从事计算机辅助设计的小组，原来分配任务由组长一人决定。开始创建学习型班组后，他们先用班前会的时间，共同讨论如何才能更好地完成任务，在集思广益的基础上再进行分工。同样完成一项任务，在程序上多了一个班组团队讨论、交流和分析的环节，大家的工作责任心提高了，工作效率和工作质量有了明显提高。有时由于工作忙，员工们抽不出时间参加大面积的系统培训，班组便群策群力研制了一套e化课件，在网上共享，依靠组织学习的方式，在一定程度上缓解了工学矛盾。要在班组工作中注意安排利用好时间：善待时间，不要浪费；通过分工放权，有效利用零星时间；减少无用工和返工，创造时间；提高学习和工作效率，向时间要效益。有的班组在创建工作中，就紧紧抓住班前五分钟的班前会进行学习，把学习看成是一项必要的工作内容。他们利用班前五分钟的短暂聚会，传达上级指示，布置生产安全，总结隔天工作，还常常把基础知识学习和智力竞赛结合起来，以不断提高组员学习的兴趣。例如，将业务知识、安全操作规程等内容做出50门小试题，每天抽几题，由员工轮流回答，再请别人补充。此外，他们还在班组内开展业务知识学习、现代科技知识导读，提高员工的综合素质。在班前会上大家进行深度会谈，畅所欲言，相互交流，反思咨询，讲集体主义，重塑团队文化，做到了学习到人、学习到岗，为顺利完成各项任务奠定了基础。这样的班组活动利用时间不多，却能解决大问题。

5　人员素质低——没有条件搞创建

应该说，在某些班组，员工的素质确实有些偏低，比如文化水平不高、工作经验少、技能等级低、年龄偏大等等，是否会影响学习型班组的创建，这是有些班组开展创建活动的又一种担心。其主要表现形式为班组成员文化低、经验少，能对付完成工作就可以了，没有条件创建学习型班组；团队学习是高层次的学习，属于领导考虑的事，基层是做具体工作的，管不了学习。

认为人员素质低就没有条件创建学习型班组，表面上看是一种缺乏信心的表现，实际上还是源于对学习型组织理论与实践的误解。学习型组织是一种通过学习充分发挥每个成员的潜能，帮助他们投身于创新与变革之中，在促进组织发展的同时获得自身的成长和发展，从而实现人生的价值、活出生命意义的组织。这和现有成员的素质高低没有必然的关系：成员素质高，需要在工作和学习的融合中提升自己，创造更好的绩效；成员素质低，更需要边工作边学习，努力提升自己，做出更好的绩效。之所以会把人员素质低看作创建学习型班组的障碍，把创建活动和组织大量高层次的学历学习和进修提高学习混为一谈，显然是不对的。

就算从学习的角度来考察，人员素质低其实更需要学习，才能适应当今科技、经济和社会飞速发展的形势，否则便可能被时代淘汰出局。知识是从学习中获得的，经验是在学习中积累的，技能是通过学习提高的，要想改变素质低下的状态，必须靠学习。素质低的人员只要有正确的学习方法循序渐进，是能够学习的。任何人的素质都会有一个从低到高的提高过程，除了书本和课堂学到的知识外，主要靠在实践中学习，犯了错误从反思中学习。因为素质低而不想学或不能学、学不了的认识是不对的。

创建学习型班组正是为了帮助班组每一个成员通过团队学习的形式，在工作中学习、在学习中工作，提高自己的素质。愈是人员素质低的班组，创建学习型班组的必要性愈明显。

就事论事，只针对问题的症状而不是本质来解决问题，没有找到事件的本质，不能从根本上解决问题，造成舍本逐末。

伊索寓言“会生金蛋的鹅”，是关于一个贫穷农夫的故事。有一天，农夫去看他自己所养的鹅，在鹅窝发现了一颗闪闪发光的金蛋，虽然有点犹豫，但还是决定把它拿回家。在家里，农夫确定蛋真是金的。从此每天晨，农夫从鹅窝中捡一个金蛋，不久他就奇迹般地富起来了。农夫发财了，对鹅生金蛋变得渐渐贪婪而急切。企图一下子从鹅身上得到所有的金子，他杀掉了鹅，把它解剖开，结果一无所获。

如同这个贫穷的农夫，我们往往追求短期效果（金蛋）而牺牲了长期的绩效（鹅）。几年前的飞龙集团，创业初期产品出现大量积压，企业不去发现其产品的问题，而是发动大规模的广告战和人海推销战术，在短期内创下了大量的销售利润，但好景不长，一味的强调宣传而不注意产品质量最终导致了飞龙的失败。

当产生问题时，大家通常只专注于事件或问题本身，而忽略事件或问题其实是经由缓慢、渐进的过程形成，只以预测的方式提出解决方案，却无法学会如何以更有创意的方式来解决问题是不能获得成功的。

为了纠正人员素质低就不能创建学习型班组的错误认识，一定要增强班组员工对创建工作的紧迫感和不创建的危机感，从而提高创建工作的自觉性。为了提高实效，在成员素质基础较差的班组创建学习型班组，一定要从实际出发，采用容易被大家接受的多种形式开展活动，特别要注意通过与工作紧密结合的学习提高成员的素质，尽快做出成效来，让大家在创建中增强信心。

6　有学习的班组就是学习型班组

学习型班组理所当然地要组织一系列的学习活动，学习是学习型班组结构中的核心要素，也是区别学习型班组与其他普通班组的重要特征。但是有人以为只要组织了学习的班组就是学习型班组，显然是一种误解。

在班组中是组织了一些学习活动，但注重了个人学习，却忽视了团队学习和组织学习;强调了传统意义上的学习,接受知识,获得信息,却疏忽了通过学习促进班组工作,推动周边的创新与变革;重视了通过学习去推动创新与变革,却忽视了班组成员心灵的变革。

一句话,虽然明白了“学习”的重要性,却疏忽了“学习”与“学习型”的区别。

有时聪明而又有能力的班组管理者,并不能推动团队有效进行学习。原因之一是自我防卫习性,导致不愿意说出真正的想法,一个团队也因此无法实现自然流畅的沟通,每个人也就失去了验证自己想法是否正确的机会。

还有,一些团队或个人之间的恶性竞争,不论团队或个人往往都认为要保持自己的优势,必须胜过对手的行动,你死我活,没有商量。双方或多方都按照这种思维逻辑积极行动,形成恶性竞争。21 世纪是合作共赢的时代,竞争双方首先是伙伴关系,既合作又竞争,谋求共同发展。因为资源是有限的,合作可以有效利用资源。

也有班组注意了学习,但忽视了“学习型”的含义,只有个人学习,没有班组学习,只强调传统意义上的学习,不重视通过学习促进班组变化,提高班组竞争力。创建学习型班组要将学习成果体现到行动上,落实在工作中。

“学习”与“学习型”,从字面上看只差了一个“型”字,可一字之差却存在着本质的区别。学习型班组在内涵上既具有“学习”的属性,更强调“型”的特征。建设学习型班组,贵在“学习”,重在有“型”。所谓“型”,主要含义为“类型”,是指具有共同特征的事物所形成的种类,反映着事物的属性和特征。建设学习型班组,必须加强组织筹划,着力抓好“型”的塑造。有“学习”的班组,只要班组的成员有学习活动就可以了,有没有学习本身就是衡量的标准;但在“学习型”的班组中,学习只是一种手段,学习后必须要有行动,落实到促进工作的创新和变革上,落实到个人的心灵变化上。因此,有学习的班组并不等同于学习型班组。我们要创建的是学习型班组，而不只是有学习的班组。

在这里，我们强调“学习型”，但这并不意味着人们就不再需要传统意义上的学习了。读书、上课、念学位、拿文凭、接受知识、获取信息，这些都是需要的，也应当得到提倡和鼓励。但是只有这些还不够，更要通过学习激起人们对组织的认同和奉献，提高创新变革的动力和技能，强调学习的成果体现在行动实践中，又从实践中加深学习。“学习型”中学习的含义比传统意义上的学习要广泛深入得多。

强调“学习型”也不是否定个人学习，在任何情况下，个人的学习都是人类学习的基础。但只有个人学习是不够的，学习型班组更重视建立在成员个人学习基础上的班组团队学习，并积极参加更高层次的组织学习。因为团队学习和组织学习才能发挥成员的团队精神，群策群力，集思广益，知识共享，优势互补，提高班组的核心能力，推动组织的创新变革。

通过学习去推动创新变革，体现了学习型班组的本质特征。但是，只有管理体制和机制的变革还不够，更重要的是实现每个成员心灵的改变。如果人的心灵不发生变化，即使体制和机制变革了，也是没有思想基础的，因而很难坚持，过了一段时间后，一切变革将可能退回到原处。在实际工作中，一开始似乎成功的变革，后来回潮失败的现象并不少见。没有人们心灵变革的管理变革，是经不起时间考验的，最终将是无效的。

班组全体成员，尤其是班组长，要牢固树立学习的新理念，用学习型组织的学习观代替传统的学习观，搞清楚有学习的班组不等同于学习型班组。要想在班组中安排一些学习活动并不难，但要按“学习型”的要求组织班组的团队学习，并按“学习型”的标准创建学习型班组，却是要花大力气的。

所以，在创建学习型班组的过程中，千万不要仅仅满足于组织了一些学习活动。学习活动要组织，但学习只是一种手段，要尽可能采用多种多样的形式，把学习指向工作的改进，指向创新和变革，指向员工心灵的升华。

7 脱离组织的中心工作搞创建

从学习型班组的核心要素学习来看，学习与工作是紧密融合在一起的。勃拉汉姆说过，学习型组织的特点，是将学习渗透到人们所做的每一件事情，它是人们日常工作的常规部分，而不是加上去的“额外事情”。如果把学习和工作分开，专门设计一套创建活动，把学习作为“额外事情”去做，大家“空对空”，既不能改进工作、创造绩效，也无助于个人的提高，这种无效的工作绝不是真正的创建活动，反倒将人引入歧途，必然没有生命力。

脱离班组中心工作另搞一套，必然将创建活动的对象指向别人，只想改变别人，不想改变自己。这又是和创建学习型班组的原则格格不入的。如果人人只想改变别人，企图将自己的意志强加于人，学习就不会发生，学习型班组根本无从谈起。

脱离中心工作和日常工作另搞一套创建活动的要害，是远离了实际，与真正的学习背道而驰。结果，创建工作成了“花架子”，只追求形式上搞了多少活动，却不顾实际效果，华而不实，毫无用处。

创建成功的班组都已证明，真正的、有效的创建活动，无一不是围绕着组织的中心工作和班组的日常工作展开的。因此，在创建学习型班组的一开始，就要结合工作的需要，找好人人都关心的切入点。有了合适的切入点，才能最大限度地调动员工学习的积极性，关注班组的创建工作，创建活动的成果才能落到实处。

紧紧围绕组织中心工作和班组日常工作开展创建活动，必须首先将“镜子”转向自己，通过事前的系统思考和事后的反思学习，按照学习型组织的要求，认真地找差消差，改进工作。对此，班组长尤其要率先垂范。

中联鲁宏水泥有限责任公司有一个扳手的故事，引起了员工们的思考。这是一把放在班组工具箱内的公用扳手，原本是把12寸的活动扳手。2000年六七月份陈师傅在清理工具时无意中发现了它。当时扳手已经断了把，但试了试，感觉它比较灵活，扔了可惜，就收了起来。后来因为班组人多设备多，工具相对短缺，就找来一段带钢和这件扳手头焊接在一起，一直沿用到现在。在创建学习型组织过程中，这件工具的存在引起了员工们众多的话题。他们从不同的层面剖析了它存在的理由、使用的弊端、产生的影响，涉及了观念思维、员工素质、成本与效益、工具与质量、过程与结果等诸多方面。有人说：一把扳手断把后焊上继续使用，符合修旧利废、降低成本的要求；有人说：这件工具不符合使用要求，与标准工具比不规范，甚至有安全隐患；有人说：没有好的工具干不出一流的活，现代化的设备需要精良的工具维修，这件工具的存在说明管理者导向有问题，暴露了管理上的差距；也有人说：这把扳手的存在说明员工对扳手的使用性能掌握不够，什么样的扳手拧什么样的螺丝、使多大力都是有要求的。通过这样的讨论，员工们找到了自身的差距。有人曾经问过一些班组长，如果把班组看成“木桶”，谁是“短板”？多数回答是班组中一两个表现比较差的员工。可是班组中出现了“短板”，班组长有责任随时去修平补齐，如果班组长没有修补，说明班组长不善于管理，“短板”就是班组长本人。在这种情况下，班组长要在修平补齐班组中出现的“短板”，同时也补齐了自己这块“短板”。

像这样的学习，贴近每个员工的思想和工作，大家感到很亲切，既提高了认识、转变了观念，又解决了工作中的实际问题、改进了管理。创建学习型班组如果不这样围绕班组中的实际工作展开，就不会受到员工的关心和支持。

创建学习型班组并不是要在组织的中心工作和班组业务工作之外另

搞一套活动，可是有的班组却把创建工作当作一项独立的工作来做。结果，创建活动与班组的日常工作成了互相脱离的“两张皮”，但没有促进班组工作，反而占用了班组成员不少时间和精力，成了班组的负担。

创建学习型班组是为了充分发挥每个成员的潜能，在做好本职工作的同时得到自身的成长和发展，实现自己的价值。如果脱离了班组成员自身的工作、学习和生活而另外搞一套，就违背了创建学习型班组的本来目的，好比脱离了皮的毛一样，“皮之不存，毛之焉附？”没有目的的创建、为创建而创建是注定没有出路的。

8 创建学习型班组是班组长的事

学习型班组的争创是提升企业竞争力的利器。能否把握住这柄利器，关键在于班组长如何系统思考，如何改变心智模式进行不断创新。创建学习型班组不是对过去班组建设的否定，而是对过去班组建设进行扬弃，用学习型组织的理论来指导班组建设。班组创建也不是班级长一个人的事，而是班组的事，是大家的事。诚然，班组长是创建的中心人物，但也没有必要事必躬亲，凡事都要他一个人来抓，大事小情都由他一个人来过问。认为创建学习型班组只是班组长的事，这种认识通常是班组内部普通员工存在的思想障碍。因为创建是班组长的事，便取旁观者的态度，消极应对，全然没有放在心上。

在现实的创建工作中，班组长为了创建学习型班组动足脑筋，工作非常忙，普通员工却在一旁无动于衷、“看热闹”；员工认为创建工作与已无关，班组长说一点，大家动一点，班组的创建活动冷冷清清、死气沉沉。

在管理界，“发现不拉马的士兵”这一个故事流传已久：

一位年轻有为的炮兵军官上任伊始，到下属部队视察其操练情况。他在几个部队发现了相同的情况：在一个单位操练中，总有一名士兵自始至终站在大炮的炮筒下面，纹丝不动。军官不解，问其原因，得到的答案是：操练条例就是这样要求的。

军官回去反复查阅军事文献，终于发现，长期以来，炮兵的操练条例仍因循非机械化时代的规则，站在炮筒下的士兵的任务是负责拉住马的缰绳（在那个时代，火炮是由马车运载到前线的），以便在火炮发射后调整由后坐力产生的距离偏差，减少再次瞄准时所需要的时间。大炮自动化和机械化水平很高的时代，已经不再需要这样一个角色了，但是操练条例仍没有及时地调整，因此才出现了“不拉马的士兵”。

过于公式化的组织行为也会导致组织缺乏创造力，以致受陈规的限制而无法找到超出常规的最优方案，造成故步自封，对一些不良现象熟视无睹，不思进取，事不关己高高挂起，对班组的创建不闻不问，以为创建就是班组长一个人的事。

殊不知，这种观点大错特错。创建学习型班组是关系到所在组织和班组全体成员生存和发展命运的大事，是每个员工自己的事情，绝不只是班组长个人的工作任务，更不能为了支持班组长的工作而参与创建。在班组内部，人人都是创建学习型班组的主体。要处理好班组长和班组成员在创建工作中的关系，班组长是创建的组织者和带头人，对创建成功负有主要责任；而其他员工是创建的主力军，同样对创建的成功负有重要责任。

学习型班组要求班组全体员工都能全身心地投入，通过学习创造自我、拓展能量，谋求组织和个人的同步发展，在工作中体验生命的意义。没有员工自觉的投入，就背离了学习型组织的基本精神，所谓的创造自我、体验生命的意义，都将成为一句空话，也就不可能创建出真正的学习型班组。

对于每个成员来说，创建学习型班组首先是一场心灵上的变革，班组长是无法包办代替的；创建学习型班组又是一种团队的行为，要想通过学习,找出班组现实中存在的问题并加以解决,就需要班组全体成员的共识和一致的行动。如果把创建工作看成班组长的事,其他成员都不主动参与,即使班组长再努力,创建也注定会失败的。必须让员工参与进来,让他们把班组的事当成是自己的事。

在创建学习型班组的过程中,班组的每个成员都要通过学习,正确理解创建学习型班组的意义和目的,将创建工作化为自觉的行为;同时,班组长要把动员全体员工积极投入作为深入开展创建活动的前提条件,把员工的参与度作为衡量创建成败的主要标志,没有员工的主动参与就不会有真正的创建。促使员工在学习和创新的紧密结合中实现自己和组织的共同超越。尤其是在建立员工竞争上岗的制度后,把技术考核与"三岗制"(指上岗、试岗、下岗的动态管理办法)挂起钩来。员工们说:岗位是自己选的,没有理由不好好干;岗位是竞争来的,只有努力工作、不断学习才能保住。岗位竞争是技术、技能、工作态度和工作水平的竞争,学习是获得能力、提高水平的唯一途径,竞争结果是对学习效果的检验。这些机制的建立使员工学习、工作的积极性和效率空前提高,声与学习型班组的创建逐渐成为员工们的自觉行为。

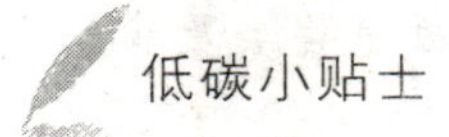

生活中的低碳常识

飞机飞行2000公里，相当于排放278千克二氧化碳；

一棵树每年可吸收18.3千克的二氧化碳，种一棵树可抵消发100度电所排放的二氧化碳；

少买一件衣服可以增加2.5千克二氧化碳的排放；

棉质衣服比化纤衣服排碳量少，多穿棉质衣服也是低碳生活的一部分；

每消费1千克牛肉，排放36.5千克二氧化碳，而果蔬所排放的二氧化碳量仅为该数值的1/9，建议多吃素；

低碳饮食还包括适量喝酒，如果每人每年少喝0.5千克酒，可减排二氧化碳1千克；

按人口需求，尽量选择小户型，适度装修，每少用1千克装修用钢材，可减排二氧化碳1.9千克，少用0.1立方米装修用木材，可减排二氧化碳64.3千克；

以11瓦节能灯代替60瓦白炽灯、每天照明4小时计算，1支节能灯1年可减排二氧化碳68.6千克，随手关灯减排二氧化碳4.7千克；

每台空调在26℃基础上调高1℃，每年可减排二氧化碳21千克；

少用1个塑料袋可以增加二氧化碳排放0.1克；

少用10%的一次性筷子，每年就能减碳10.3万吨；

少用电梯，正当运用电视、冰箱、电脑等电器，及时切断其电源；

单面纸要重复应用，能电子化办公的少用纸张；

少开车，选小排量车，每月少开一天，每车每年可减排二氧化碳98千克；

假设出行选择公共交通工具或自行车，二氧化碳排放量将会更少；

排气量为1.3升的车每年减排二氧化碳647千克；

通过及时更换空气滤清器、坚持适宜胎压、及时熄火等措施，每辆车每年减排二氧化碳400千克。